400 € Mini-Jobs

Das neue Recht für geringfügig und Niedriglohn-Beschäftigte

Konrad Jung und Uwe Thiemann

Haufe

Bibliografische Information der Deutschen Bibliothek
Die Deutsche Bibliothek verzeichnet diese Publikation in der Deutschen Nationalbibliografie; detaillierte bibliografische Daten sind im Internet über http://dnb.ddb.de abrufbar.

ISBN 3-448-05615-4
Bestell-Nr. 00754-0001

Postanschrift: Postfach, 82142 Planegg
Hausanschrift: Fraunhoferstraße 5, 82152 Planegg
Fon (0 89) 8 95 17-0, Fax (0 89) 8 95 17-2 50
E-Mail: online@haufe.de
Internet: www.haufe.de, www.taschenguide.de
Lektorat und DTP: Text+Design Jutta Cram
Redaktion: Sylvia Rein

Umschlaggestaltung: Simone Kienle, par:two büro für visuelles, 70182 Stuttgart
Umschlagentwurf: Agentur Buttgereit & Heidenreich, 45721 Haltern am See
Druck: freiburger graphische betriebe, 79121 Freiburg

Zur Herstellung der Bücher wird nur alterungsbeständiges Papier verwendet.

TaschenGuides – alles, was Sie wissen müssen

Für alle, die wenig Zeit haben und erfahren wollen, worauf es ankommt. Für Einsteiger und für Profis, die ihre Kenntnisse rasch auffrischen wollen.

Sie sparen Zeit und können das Wissen effizient umsetzen:

Kompetente Autoren erklären jedes Thema aktuell, leicht verständlich und praxisnah.

In der Gliederung finden Sie die wichtigsten Fragen und Probleme aus der Praxis.

Das übersichtliche Layout ermöglicht es Ihnen, sich rasch zu orientieren.

Anleitungen „Schritt für Schritt“, Checklisten und hilfreiche Tipps bieten Ihnen das nötige Werkzeug für Ihre Arbeit.

Als Schnelleinstieg die geeignete Arbeitsbasis für Gruppen in Organisationen und Betrieben.

Besuchen Sie uns im Internet: www.taschenguide.de

Hier finden Sie Arbeitsmittel zum Downloaden und können Ihre Meinung direkt an die TaschenGuide-Redaktion mailen. Wir freuen uns auf Ihre Anregungen.

Inhalt

Vorwort

Am 1.4.2003 tritt eine ganze Reihe von Änderungen in Kraft, um die Attraktivität der so genannten Mini-Jobs weiter zu erhöhen und damit den Arbeitsmarkt zu beleben.

Ob Sie nun selbst zu den geringfügig Beschäftigten gehören oder als Arbeitgeber solche Beschäftigungen anbieten – die Unsicherheit ist groß und es gibt viele Fragen: Was ist eine geringfügige Beschäftigung? Welche Rolle spielt die wöchentliche Arbeitszeit? Wann ist der geringfügig Beschäftigte in welchem Versicherungszweig versicherungspflichtig? Welche Beiträge sind zu entrichten?

Dieser TaschenGuide gibt Ihnen Antwort auf alle wichtigen Fragen rund um die Sozialversicherung von Mini-Jobs: von der Sozialversicherungspflicht bzw. -freiheit bis zur Frage, welche Beiträge zu zahlen sind. Sie erfahren außerdem, welche Auswirkungen die neue Gleitzonenregelung hat. Übersichtliche Prüfdiagramme (auf den Umschlagseiten vorn) helfen Ihnen bei der richtigen Beurteilung von geringfügigen Beschäftigungen. Eine umfangreiche Beitragstabelle auf den hinteren Umschlagseiten zeigt Ihnen auf einen Blick, wie viel Sozialversicherungsbeiträge Sie in der neuen Gleitzone zahlen müssen.

Konrad Jung und Uwe Thiemann

Das Wichtigste im Überblick

Ab dem 1.4.2003 ändert sich vieles: Aus den 325 €-Jobs werden 400 €-Jobs, es gibt keine 15-Stunden-Grenze mehr usw. „Brutto für netto" – damit sollen die Mini-Jobs für Arbeitnehmer attraktiver werden.

Welche Änderungen bringt die Reform?

Nach 1999 tritt am 1.4.2003 eine weitere große Reform der geringfügigen Beschäftigungen, im allgemeinen Sprachgebrauch bisher besser bekannt unter dem Begriff „325 €-Jobs", in Kraft. Hier finden Sie die wichtigsten Neuregelungen auf einen Blick:

1 Die Geringfügigkeitsgrenze wird von bisher 325,00 € auf 400,00 € monatlich angehoben.

2 Die wöchentliche Arbeitszeit spielt keine Rolle mehr. Die bisherige neben der Entgeltgrenze noch relevante 15-Stunden-Grenze ist weggefallen.

3 Eine Nebenbeschäftigung kann jetzt wieder abgabenfrei neben einer Hauptbeschäftigung ausgeübt werden.

4 Einmalzahlungen (z. B. Urlaubs- oder Weihnachtsgeld) werden beim Arbeitsentgelt nur noch berücksichtigt, wenn sie auch tatsächlich gezahlt werden.

5 Vom Arbeitsentgelt sind pauschale Beiträge zur Krankenversicherung in Höhe elf Prozent (bisher zehn Prozent) und zur Rentenversicherung in Höhe von zwölf Prozent zu zahlen.

6 Wird eine geringfügige Beschäftigung im Privathaushalt ausgeübt, müssen zur Kranken- und Rentenversicherung jeweils nur fünf Prozent Pauschalbeiträge gezahlt werden.

7 Die 400 €-Jobs sind ab 1.4.2003 steuerpflichtig. Es besteht die Möglichkeit, auf das Arbeitsentgelt Pauschsteuern in Höhe von zwei Prozent zu erheben.

8 Die Pauschalbeiträge und Pauschsteuern werden an eine zentrale Einzugsstelle gezahlt.

9 Bei kurzfristigen Beschäftigungen gilt jetzt nicht mehr der individuelle Zwölfmonatszeitraum, sondern das Kalenderjahr.

Neben den Änderungen im Bereich der geringfügigen Beschäftigungen gibt es noch eine zweite gravierende Neuregelung: der Niedriglohnsektor, auch Gleitzone genannt. Arbeitnehmer mit einem monatlichen Arbeitsentgelt von 400,01 € bis 800,00 € zahlen nicht sofort die vollen Sozialversicherungsbeiträge. Die Belastung steigt – abhängig von der Höhe des Arbeitsentgelts – langsam an. Der Gesetzgeber verfolgt damit das Ziel, die Attraktivität der Mini-Jobs für Arbeitnehmer zu erhöhen: Netto bleibt jetzt mehr übrig.

Was ist überhaupt eine geringfügige Beschäftigung?

Hinter dem Begriff „geringfügige Beschäftigung“ verbergen sich genau genommen zwei Arten von Beschäftigungen. Eine Beschäftigung kann zum einen wegen der Höhe des monatlichen Arbeitsentgelts (geringfügig entlohnte Beschäftigung) und zum anderen wegen ihrer Dauer (kurzfristige Beschäftigung) geringfügig sein.

Im allgemeinen Sprachgebrauch wurden die geringfügig entlohnten Beschäftigungen bisher auch als 325 €-Jobs bezeichnet. Künftig wird von 400 €-Jobs die Rede sein. Als so genannte kurzfristige Beschäftigung wurden bisher die klassischen Aushilfstätigkeiten (z. B. Urlaubs- oder Krankheitsvertretung) bezeichnet. Daran wird sich nichts ändern. Sowohl für die geringfügig entlohnten als auch für die kurzfristigen Beschäftigungen gilt, dass sie grundsätzlich zu allen Zweigen der Sozialversicherung versicherungsfrei sind.
Es gibt jedoch auch Sachverhalte, in denen zwar nur ein geringes monatliches Arbeitsentgelt gezahlt wird oder die Beschäftigung zeitlich begrenzt ist, es sich aber trotzdem nicht um eine geringfügige Beschäftigung handelt. Zu diesen Ausnahmen gehören insbesondere:

- Beschäftigungen von Auszubildenden,
- Beschäftigungen von Praktikanten, die im Rahmen ihres Studiums ein vorgeschriebenes Praktikum absolvieren,
- Arbeitnehmer, die nach längerer Arbeitsunfähigkeit ihre Arbeitsstunden langsam wieder erhöhen,
- Arbeitnehmer, die in Kurzarbeit stehen,
- Arbeitnehmer, die witterungsbedingt nicht voll arbeiten können (Schlechtwetter).

Mehrere Beschäftigungen bei einem Arbeitgeber

Es kommt vor, dass ein Arbeitnehmer bei seinem Arbeitgeber mehrere Beschäftigungen mit jeweils eigenen Verträgen ausübt. Hier gilt: Alle Beschäftigungen bei demselben Arbeitgeber gelten als ein Beschäftigungsverhältnis.

Geringfügig entlohnte Beschäftigungen

Geringfügig entlohnt, und trotzdem lohnt es sich! Doch wann genau gilt welche Versicherungsfreiheit? Welche Grenzen sind zu beachten? Was ist, wenn der Arbeitnehmer mehrere Beschäftigungen ausübt?

Was ist eine geringfügig entlohnte Beschäftigung?

Erkennungsmerkmal einer geringfügig entlohnten Beschäftigung ist die Höhe des Lohns bzw. Gehalts. Eine geringfügig entlohnte Beschäftigung liegt vor, wenn das regelmäßige Arbeitsentgelt 400,00 € im Monat nicht übersteigt. Die Arbeitsentgeltgrenze (sie wird auch als Geringfügigkeitsgrenze bezeichnet) wurde zum 1.4.2003 von 325,00 € auf 400,00 € angehoben.

In der Renten- und Arbeitslosenversicherung gelten für die alten und neuen Bundesländer unterschiedliche Berechnungsgrenzen und Rechengrößen. Bei der 400 €-Grenze ist das nicht so. Sie gilt wie bisher sowohl für die alten als auch für die neuen Bundesländer und auch einheitlich für alle Sozialversicherungszweige, also Kranken-, Pflege-, Renten- und Arbeitslosenversicherung.

Neben der Anhebung der Geringfügigkeitsgrenze von 325,00 € auf 400,00 € hat sich bei den geringfügig entlohnten Beschäftigungen noch etwas Entscheidendes getan:

■ *Ab 1.4.2003 spielt die wöchentliche Arbeitszeit keine Rolle mehr. Die bisherige 15-Stunden-Grenze ist ersatzlos weggefallen.* ■

Bei der Frage nach der Geringfügigkeit einer Beschäftigung müssen Sie jetzt also nicht mehr auf zwei Faktoren achten. Es ist nur noch der Verdienst maßgebend.

Beispiel:
Ein Arbeitnehmer übt ab 1.7.2003 eine Beschäftigung für ein monatliches Arbeitsentgelt in Höhe von 320,00 € aus. Die wöchentliche Arbeitszeit beträgt 16 Stunden.
Nach den bis zum 31.3.2003 geltenden Regelungen hätte keine geringfügige Beschäftigung vorgelegen, weil die wöchentliche Arbeitszeit mehr als 15 Stunden beträgt. Dass der Arbeitnehmer ein Arbeitsentgelt von nur 320,00 € erhält, war nicht entscheidend. Der Arbeitnehmer wäre also in der Kranken-, Pflege-, Renten- und Arbeitslosenversicherung versicherungspflichtig gewesen.
Ab 1.4.2003 sieht die Sache anders aus. Jetzt kommt es nur noch auf das Arbeitsentgelt an. Weil das im Monat nicht mehr als 400,00 € beträgt, handelt es sich um eine geringfügig entlohnte Beschäftigung, die zu allen Sozialversicherungszweigen versicherungsfrei ist.

Beschäftigung im Privathaushalt

Um eine Beschäftigung im Privathaushalt handelt es sich, wenn diese durch einen privaten Haushalt begründet ist und die Tätigkeit sonst gewöhnlich durch Mitglieder des privaten Haushalts erledigt wird. Grundsätzlich gelten für geringfügig Beschäftigte in Privathaushalten dieselben Regelungen, die auch für geringfügig Beschäftigte bei anderen Arbeitgebern gelten; allerdings sind geringere Beiträge zu zahlen.

Nur wenn der Arbeitnehmer außer im Privathaushalt für denselben Arbeitgeber auch noch andere Dienstleistungen oder Tätigkeiten ausübt, liegt keine Beschäftigung im Privathaushalt mehr vor.

Beispiel:
Der Arbeitgeber des privaten Haushalts betreibt gleichzeitig ein Unternehmen und der Arbeitnehmer erledigt auch noch Arbeiten in den angeschlossenen Geschäftsräumen. Bei einer solchen Konstellation handelt es sich nicht um eine Beschäftigung im Privathaushalt.

Regelmäßiges Arbeitsentgelt

Bei der Prüfung der Frage, ob das monatliche Arbeitsentgelt die 400 €-Grenze übersteigt, müssen Sie immer das regelmäßige Arbeitsentgelt berücksichtigen. Das ist mindestens das Arbeitsentgelt, auf das der Arbeitnehmer einen Rechtsanspruch hat, z. B. aufgrund

- eines Tarifvertrags,
- einer Betriebsvereinbarung oder
- des geschlossenen Arbeitsvertrags.

■ *Was aber wichtig ist: Verzichtet ein Arbeitnehmer auf einen Teil seines zukünftigen Gehalts, bleibt dieses insoweit unberücksichtigt. Der Verzicht muss allerdings arbeitsrechtlich zulässig sein und schriftlich erfolgen.* ■

Steuerfreie Aufwandsentschädigungen zählen nicht zum Arbeitsentgelt in der Sozialversicherung. So sind z. B. die steuerfreien Einnahmen aus einer nebenberuflichen Tätigkeit als Übungsleiter im Sportverein oder als Ausbilder bis zur Höhe von 1.848,00 € bei der Ermittlung des regelmäßigen Arbeitsentgelts nicht zu berücksichtigen.

Finden Sonderzuwendungen Berücksichtigung?

Werden im Rahmen des geringfügigen Beschäftigungsverhältnisses Sonderzuwendungen gezahlt, müssen Sie auch diese bei der Ermittlung des regelmäßigen Arbeitsentgelts berücksichtigen, wenn sie mit hinreichender Sicherheit einmal jährlich zu erwarten sind. Klassische Beispiele hierfür sind die Zahlungen von Urlaubs- oder Weihnachtsgeld.

Beispiel:

Ein Pförtner ist gegen ein monatliches Arbeitsentgelt von 380,00 € beschäftigt. Zusätzlich erhält er jeweils im November eines Jahres ein tarifvertraglich zugesichertes Weihnachtsgeld in Höhe von 300,00 €.

Die Prüfung, ob das regelmäßige Arbeitsentgelt die 400 €-Grenze übersteigt, ist wie folgt vorzunehmen:

Monatliches Entgelt:	
380,00 € × 12 =	4.560,00 €
Weihnachtsgeld im November:	300,00 €
Jahresarbeitsentgelt:	4.860,00 €
Durchschnittliches Monatsentgelt:	
4.860,00 € : 12 =	405,00 €

Das regelmäßige monatliche Arbeitsentgelt beträgt 405,00 € und übersteigt damit die 400 €-Grenze. Es liegt also keine geringfügig entlohnte Beschäftigung vor. Somit besteht zu allen Sozialversicherungszweigen Versicherungspflicht.

Seit dem 1.1.2003 sind Sonderzuwendungen nur noch dann beitragspflichtig, wenn sie auch tatsächlich an den Arbeitnehmer ausgezahlt werden. Verzichtet ein Arbeitnehmer schriftlich darauf, werden sie bei der Ermittlung seines regelmäßigen Arbeitsentgelts nicht berücksichtigt. Auf die arbeitsrechtliche Zulässigkeit des Verzichts kommt es hier nicht an. Die Erklärung braucht der Arbeitgeber für seine Lohnunterlagen.

Wenn die Beschäftigung keinen vollen Monat dauert

Wird eine Beschäftigung einen vollen Monat ausgeübt, ist für die Feststellung, ob das Arbeitsentgelt die Geringfügigkeitsgrenze übersteigt, immer von 400,00 € auszugehen. Sofern die geringfügige Beschäftigung allerdings kürzer als einen Monat dauert, gilt die 400 €-Grenze nicht. Das kann beispielsweise der Fall sein, wenn die Beschäftigung erst im Laufe eines Monats beginnt oder endet. Dann muss für die Beschäftigungszeit ein entsprechender anteiliger Monatswert errechnet werden. Dafür gilt folgende Formel:

- *Anteiliger Monatswert =*
  400,00 € × Kalendertage des Beschäftigungsverhältnisses : 30

Wenn das Arbeitsentgelt schwankt

Schwankt das Arbeitsentgelt eines Arbeitnehmers von Monat zu Monat, muss der Arbeitgeber für die Prüfung der 400 €-Grenze das voraussichtliche Arbeitsentgelt schätzen. Dabei kann vielfach ein Vergleich mit ähnlichen Arbeitsverhältnissen im Betrieb des Arbeitgebers hilfreich sein. Überprüfen Sie die Schätzung von Zeit zu Zeit anhand der tatsächlichen Verhältnisse. Stellt sich im Nachhinein heraus, dass Ihre Schätzung vom tatsächlichen Arbeitsentgelt abweicht, bleibt es für die Vergangenheit bei der angenommenen Versicherungspflicht bzw. Versicherungsfreiheit. Für die Zukunft müssen Sie jedoch selbstverständlich eine Richtigstellung vornehmen.

Etwas anderes gilt, wenn das Arbeitsentgelt zwar in unterschiedlicher Höhe gezahlt wird, die Höhe in den einzelnen Monaten aber von vornherein feststeht. Dann müssen Sie den durchschnittlichen Monatsbetrag errechnen.

Beispiel:
Ein Aushilfskellner erhält in den Monaten Mai bis Oktober ein Arbeitsentgelt in Höhe von 380,00 € und in den Monaten November bis April ein solches in Höhe von 270,00 €.

Das monatliche Durchschnittsentgelt berechnet sich wie folgt:

Monate Mai bis Oktober:	
6 × 380,00 € =	2.280,00 €
Monate November bis April:	
6 × 270,00 € =	1.620,00 €
Jahresarbeitsentgelt:	3.900,00 €
Monatliches Durchschnittsentgelt:	
3.900,00 € : 12 =	325,00 €

Bei der Tätigkeit des Aushilfskellners handelt es sich im gesamten Jahr um eine geringfügig entlohnte Beschäftigung, weil das regelmäßige Arbeitsentgelt die Geringfügigkeitsgrenze von 400,00 € nicht übersteigt.

Checkliste Arbeitsentgelt

Was?	Beim regelmäßigen Arbeitsentgelt zu berücksichtigen?
Lohn/Gehalt	ja
Lohn/Gehalt, auf das der Arbeitnehmer zulässig verzichtet hat	nein
Lohn/Gehalt, auf das der Arbeitnehmer unzulässig verzichtet hat	ja
Einmalzahlungen (z. B. Urlaubs- oder Weihnachtsgeld)	ja
Einmalzahlungen, auf die der Arbeitnehmer verzichtet hat	nein
Steuerfreie Aufwandsentschädigungen bis 1.848 € im Jahr	nein
Jubiläumszuwendungen	nein

Was geschieht, wenn die 400 €-Grenze überschritten wird?

Dauerhaft durch eine Erhöhung des Arbeitsentgelts oder auch nur gelegentlich kann es selbstverständlich auch zu einer Überschreitung der 400 €-Grenze kommen. Welche Regelungen gelten in solchen Fällen?

Wenn sich das Arbeitsentgelt erhöht

Immer dann, wenn sich die Höhe des Arbeitsentgelts ändert, müssen Sie auch das regelmäßige Arbeitsentgelt neu ermitteln. Das gilt vor allem, wenn sich das Arbeitsentgelt erhöht. Kommt es nämlich durch die Erhöhung des Arbeitsentgelts zu einer dauerhaften Überschreitung der 400 €-Grenze, tritt vom Tage des Überschreitens an Versicherungspflicht in der Sozialversicherung ein. Für die zurückliegende Zeit bleibt es aber bei der Versicherungsfreiheit.

Beispiel:
Eine Verkäuferin übt eine geringfügig entlohnte Beschäftigung für ein monatliches Arbeitsentgelt von 370,00 € aus. Am 10.7.2003 vereinbart sie mit ihrem Arbeitgeber eine Gehaltserhöhung. Ab 1.10.2003 erhält sie ein monatliches Arbeitsentgelt in Höhe von 410,00 €.
Die Verkäuferin übt bis zum 30.9.2003 eine geringfügig entlohnte Beschäftigung aus und ist sozialversicherungsfrei. Ab 1.10.2003 liegt keine Geringfügigkeit mehr vor, weil die 400 €-Grenze überschritten wird. Deshalb tritt ab 1.10.2003 in allen Zweigen Versicherungspflicht ein.

Rückwirkende Erhöhung des Arbeitsentgelts

Sofern die 400 €-Grenze durch eine rückwirkende Erhöhung des monatlichen Arbeitsentgelts überschritten wird, tritt die

Versicherungspflicht erst mit dem Tage ein, an dem die Erhöhung vereinbart wurde. Das kann beispielsweise der Tag des Abschlusses eines Tarifvertrags oder einer Betriebsvereinbarung sein oder auch der Tag, an dem die Erhöhung des Arbeitsentgelts zwischen Arbeitgeber und Arbeitnehmer vereinbart wurde.

Wenn die 400 €-Grenze nur gelegentlich überschritten wird

Kommt es im Rahmen einer geringfügig entlohnten Dauerbeschäftigung zu einem gelegentlichen Überschreiten der 400 €-Grenze, führt dies nicht sofort zur Versicherungspflicht in der Sozialversicherung. Beachten Sie allerdings, dass dies höchstens zweimal pro Jahr vorkommen darf. Wichtig ist auch, dass es sich um ein unvorhergesehenes Überschreiten der 400 €-Grenze handeln muss. Davon ist beispielsweise bei einer Krankheitsvertretung auszugehen. Eine Urlaubsvertretung zählt nicht als unvorhergesehen, da der Urlaub in aller Regel vorher geplant ist.

Beispiel:
Ein Pförtner übt eine geringfügig entlohnte Beschäftigung gegen ein monatliches Arbeitsentgelt von 350,00 € aus. Im Mai und Juni bittet ihn sein Arbeitgeber wider Erwarten, zusätzlich eine Krankheitsvertretung zu übernehmen. In diesen Monaten steigt sein Arbeitsentgelt auf 550,00 €.
Der Pförtner ist auch in den Monaten Mai und Juni versicherungsfrei, weil es sich bei der Krankheitsvertretung um ein gelegentliches und unvorhergesehenes Überschreiten der 400 €-Grenze handelt und diese nicht mehr als zwei Monate andauert.

Wenn mehrere Beschäftigungen nebeneinander ausgeübt werden

Heute kommt es vielfach vor, dass Personen nicht nur eine einzige geringfügig entlohnte Beschäftigung ausüben, sondern mehrere Beschäftigungen auf einmal. Dabei sind insbesondere die folgenden Konstellationen denkbar:

- Es werden mehrere geringfügig entlohnte Beschäftigungen ausgeübt.
- Neben einer in der Sozialversicherung versicherungspflichtigen Hauptbeschäftigung werden eine oder auch mehrere geringfügig entlohnte Beschäftigungen ausgeübt.
- Neben einer in der Sozialversicherung versicherungsfreien Hauptbeschäftigung werden eine oder auch mehrere geringfügig entlohnte Beschäftigungen ausgeübt.

Bei all diesen Sachverhalten müssen Sie in der Sozialversicherung zahlreiche Besonderheiten beachten. Schwierig ist das insbesondere deshalb, weil in den einzelnen Sozialversicherungszweigen zum Teil unterschiedliche „Spielregeln“ gelten. In den nachfolgenden Abschnitten finden Sie die Besonderheiten anhand zahlreicher Beispiele anschaulich und übersichtlich dargestellt.

Konstellation 1: mehrere 400 €-Jobs

Bei Ausübung mehrerer 400 €-Jobs bei verschiedenen Arbeitgebern müssen Sie die Arbeitsentgelte aus den einzelnen

Beschäftigungen für die Prüfung der Geringfügigkeitsgrenze zusammenrechnen. Übersteigt das zusammengerechnete Arbeitsentgelt die 400 €-Grenze, besteht in allen Beschäftigungen Sozialversicherungspflicht.

Beispiel:
Eine Büroassistentin arbeitet beim Arbeitgeber A für ein monatliches Arbeitsentgelt in Höhe von 280,00 €. Beim Arbeitgeber B arbeitet sie für ein monatliches Arbeitsentgelt in Höhe von 200,00 €.
Beide Beschäftigungen sind für sich gesehen geringfügig entlohnt. Für die Prüfung der Geringfügigkeitsgrenze müssen sie jedoch zusammengerechnet werden. Die Büroassistentin erzielt insgesamt ein monatliches Arbeitsentgelt in Höhe von 480,00 €, sodass in beiden Beschäftigungen Versicherungspflicht in der Kranken-, Pflege-, Renten- und Arbeitslosenversicherung eintritt.

■ *Wichtig: Geringfügig entlohnte Beschäftigungen und kurzfristige Beschäftigungen (siehe Kapitel „Kurzfristige Beschäftigungen", Seite 53 ff.) dürfen nicht zusammengerechnet werden.* ■

Nimmt ein Arbeitnehmer zu einer bereits ausgeübten geringfügig entlohnten Beschäftigung einen weiteren 400 €-Job auf und übersteigen die Arbeitsentgelte aus beiden Beschäftigungen die 400 €-Grenze, tritt ab der Aufnahme der zweiten Beschäftigung Versicherungspflicht ein. Für die zuerst aufgenommene 400 €-Beschäftigung bleibt es für die Vergangenheit allerdings bei der Versicherungsfreiheit.

Konstellation 2: versicherungspflichtige Hauptbeschäftigung und ein 400 €-Job

In der Vergangenheit ist es oftmals vorgekommen, dass ein Arbeitnehmer neben seiner in der Sozialversicherung versicherungspflichtigen Hauptbeschäftigung noch einen 400 €-Nebenjob ausgeübt hat. Diese Beschäftigungen waren bisher in der Kranken-, Pflege- und Rentenversicherung zu addieren. Auch für den Nebenjob bestand deshalb Versicherungspflicht.

Das hat sich vom 1.4.2003 an geändert. Jetzt darf in den drei Versicherungszweigen – wie übrigens bisher schon in der Arbeitslosenversicherung – nicht mehr zusammengerechnet werden.

▪ *Ab 1.4.2003 ist ein Nebenjob neben einer versicherungspflichtigen Hauptbeschäftigung also wieder komplett versicherungsfrei.* ▪

Beispiel:
Ein Angestellter übt eine versicherungspflichtige Hauptbeschäftigung für ein monatliches Arbeitsentgelt in Höhe von 2.100,00 € aus. Am 1.8.2003 nimmt er zusätzlich eine weitere Beschäftigung für ein monatliches Arbeitsentgelt in Höhe von 370,00 € auf.
Bei der ab 1.8.2003 ausgeübten Beschäftigung handelt es sich um eine geringfügige Beschäftigung, weil das Arbeitsentgelt 400,00 € nicht überschreitet. In dieser Beschäftigung besteht in allen Sozialversicherungszweigen Versicherungsfreiheit, weil eine Zusammenrechnung mit der versicherungspflichtigen Hauptbeschäftigung nicht mehr zulässig ist.

Konstellation 3: versicherungspflichtige Hauptbeschäftigung und mehrere 400 €-Jobs

Wenn ein Arbeitnehmer neben seiner versicherungspflichtigen Hauptbeschäftigung mehrere geringfügig entlohnte

Beschäftigungen ausübt, wird die richtige sozialversicherungsrechtliche Beurteilung schon etwas schwieriger.
Tatsache ist zunächst, dass ein 400 €-Job nicht mit der Hauptbeschäftigung zusammengerechnet werden darf – aber eben nur einer. Alle weiteren Nebenjobs sind wie bisher zur versicherungspflichtigen Hauptbeschäftigung zu addieren. Das hat zur Folge, dass in diesen Nebenjobs wie bisher Versicherungspflicht eintritt.

Einzige Ausnahme: die Arbeitslosenversicherung. Dort ist generell eine Zusammenrechnung von Haupt- und Nebenbeschäftigung nicht zulässig. Selbst eine Zusammenrechnung der 400 €-Jobs untereinander ist nicht zulässig, wenn diese neben einer versicherungspflichtigen Hauptbeschäftigung ausgeübt werden. Hier besteht also für Nebenjobs immer Versicherungsfreiheit.

Wenn neben einer Hauptbeschäftigung mehrere geringfügige Beschäftigungen ausgeübt werden, ist für die Entscheidung, welche bei der Zusammenrechnung unberücksichtigt bleibt, der Beginn der jeweiligen Beschäftigung maßgebend.

Immer die zuerst aufgenommene 400 €-Beschäftigung darf nicht mit der Hauptbeschäftigung zusammengerechnet werden.

In diesem Zusammenhang ist auch wichtig, dass die zuerst aufgenommene geringfügig entlohnte Beschäftigung mit den anderen 400 €-Jobs ebenfalls nicht zusammengerechnet werden darf. Sie bleibt also bei der weiteren sozialversicherungsrechtlichen Beurteilung völlig unberücksichtigt.

Beispiel:
Ein versicherungspflichtig Beschäftigter (monatliches Arbeitsentgelt: 2.200,00 €) nimmt am 1.7.2003 zusätzlich eine Nebenbeschäftigung in einem Restaurant auf. Das monatliche Arbeitsentgelt beträgt 310,00 €. Darüber hinaus nimmt er am 1.9.2003 noch eine Nebenbeschäftigung als Taxifahrer auf. Dafür erhält er ein monatliches Arbeitsentgelt in Höhe von 260,00 €.

1. Kranken-, Pflege- und Rentenversicherung:
Die im Restaurant ausgeübte Nebenbeschäftigung darf nicht mit der versicherungspflichtigen Hauptbeschäftigung zusammengerechnet werden. Sie bleibt in der Kranken-, Pflege- und Rentenversicherung versicherungsfrei. Es sind aber Pauschalbeiträge zur Kranken- und Rentenversicherung zu zahlen (siehe Kapitel „Pauschale Beiträge und Steuern"). Der Nebenjob als Taxifahrer muss mit der versicherungspflichtigen Hauptbeschäftigung zusammengerechnet werden. Dadurch entsteht für diese Beschäftigung Versicherungspflicht.

2. Arbeitslosenversicherung:
In der Arbeitslosenversicherung dürfen weder der Nebenjob im Restaurant noch derjenige als Taxifahrer mit der versicherungspflichtigen Hauptbeschäftigung zusammengerechnet werden. Selbst eine Zusammenrechnung der beiden Nebenjobs untereinander ist nicht zulässig. Somit gelten beide Beschäftigungen weiterhin als geringfügig entlohnt und bleiben versicherungsfrei.

Was geschieht, wenn die Jahresarbeitsentgeltgrenze überschritten wird?

Wenn ein in der Krankenversicherung versicherungspflichtiger Arbeitnehmer neben seiner Hauptbeschäftigung noch mehrere geringfügig entlohnte Nebenjobs ausübt, kann es vorkommen, dass er durch die Zusammenrechnung die Jahresarbeitsentgeltgrenze in der Krankenversicherung überschreitet. Dann sind für den Rest des Kalenderjahres alle

Beschäftigungen zunächst einmal krankenversicherungspflichtig.

Überschreitet der Arbeitnehmer mit seinem Gesamtarbeitsentgelt aus Haupt- und Nebenbeschäftigungen auch die Jahresarbeitsentgeltgrenze des folgenden Jahres, scheidet er mit Ablauf des Kalenderjahres aus der Versicherungspflicht aus und kann sich freiwillig bzw. privat versichern. Das gilt gleichermaßen für die Pflegeversicherung.

Beispiel:

Ein Bankkaufmann arbeitet beim Arbeitgeber A für ein monatliches Arbeitsentgelt in Höhe von 3.650,00 €. Am 1.4.2003 nimmt er eine zusätzliche Beschäftigung beim Arbeitgeber B für ein monatliches Arbeitsentgelt von 130,00 € auf. Am 1.8.2003 kommt dann noch eine Beschäftigung beim Arbeitgeber C für ein monatliches Entgelt in Höhe von 250,00 € hinzu.

Der Bankkaufmann ist aufgrund seiner Hauptbeschäftigung beim Arbeitgeber A in allen Sozialversicherungszweigen versicherungspflichtig. Die Beschäftigungen beim Arbeitgeber B und C sind für sich gesehen jeweils geringfügig entlohnt, weil das Arbeitsentgelt aus den einzelnen Beschäftigungen 400,00 € nicht übersteigt. Die Beschäftigung beim Arbeitgeber B ist nicht mit der Hauptbeschäftigung zusammenzurechnen, weil sie zuerst aufgenommen wurde. Die Beschäftigung beim Arbeitgeber C muss allerdings zur Hauptbeschäftigung addiert werden. Das hat die Folge, dass auch für sie Kranken-, Pflege- und Rentenversicherungspflicht einritt. In der Arbeitslosenversicherung sind beide Nebenbeschäftigungen versicherungsfrei.

Da das Arbeitsentgelt insgesamt die Jahresarbeitsentgeltgrenze für 2003 übersteigt, scheidet der Bankkaufmann am 31.12.2003 aus der Krankenversicherungspflicht aus, sofern auch die Jahresarbeitsentgeltgrenze für 2004 überschritten wird. Der Arbeitnehmer hat dann einen Anspruch auf einen Beitragszuschuss zu den Aufwendungen für seine Krankenversicherung; dieser ist von den Arbeitgebern A und C anteilmäßig aufzubringen.

Konstellation 4: versicherungsfreie Hauptbeschäftigung und 400 €-Jobs

Wird ein 400 €-Job neben einer versicherungsfreien Hauptbeschäftigung ausgeübt, sind die Zusammenrechnungsregelungen noch vielfältiger als bei einer versicherungspflichtigen Hauptbeschäftigung. Jetzt kommt es nicht nur darauf an, wie viele Nebenjobs ausgeübt werden. Entscheidend ist jetzt auch noch, aus welchem Grund die Hauptbeschäftigung versicherungsfrei ist. Hintergrund dafür ist die Tatsache, dass die Voraussetzungen für die Versicherungsfreiheit einer Beschäftigung in den einzelnen Sozialversicherungszweigen unterschiedlich ist.

Für alle Sozialversicherungszweige gilt, dass eine Beschäftigung wegen der Art der Tätigkeit versicherungsfrei sein kann. Beispielhaft dafür ist die Beschäftigung als Beamter. Ein Beamter ist in seiner Tätigkeit in der Kranken-, Pflege-, Renten- und Arbeitslosenversicherung durchgängig versicherungsfrei.

In der Krankenversicherung kann darüber hinaus für einen Arbeitnehmer auch deshalb Versicherungsfreiheit vorliegen, weil er mit seinem Entgelt die Jahresarbeitsentgeltgrenze übersteigt.

▪ *Grundsätzlich gilt: Eine Zusammenrechnung einer 400 €-Beschäftigung mit einer Hauptbeschäftigung ist nur zulässig, wenn die Hauptbeschäftigung in dem einzelnen Versicherungszweigen auch Versicherungspflicht begründet.* ▪

„JAE-Überschreiter" und ein 400 €-Job

Übt ein Arbeitnehmer, der mit seinem Arbeitsentgelt die Jahresarbeitsentgeltgrenze (JAE) in der Krankenversicherung überschreitet, nur einen geringfügig entlohnten Nebenjob aus, ist eine Zusammenrechnung der beiden Beschäftigungen in allen Versicherungszweigen nicht zulässig.

- In der Krankenversicherung deshalb nicht, weil die Hauptbeschäftigung keine Versicherungspflicht begründet.
- In der Rentenversicherung liegt die Begründung darin, dass eine (die erste) Nebenbeschäftigung nicht mit der (in diesem Fall versicherungspflichtigen) Hauptbeschäftigung zusammengerechnet werden darf.
- In der Arbeitslosenversicherung ist ohnehin eine Zusammenrechnung von Haupt- und Nebenbeschäftigung nicht zulässig.

Die differenzierte Begründung für die Versicherungsfreiheit in der Kranken- und Rentenversicherung mag zwar auf den ersten Blick eher unwichtig erscheinen, weil das Ergebnis identisch ist. Sie dient aber insbesondere für die folgenden Abschnitte dem besseren Verständnis.

Beispiel:
Ein Arbeitnehmer mit einem monatlichen Arbeitsentgelt in Höhe von 3.900,00 € nimmt zusätzlich noch eine Nebenbeschäftigung auf und erhält dafür ein monatliches Arbeitsentgelt in Höhe von 350,00 €.
Der Arbeitnehmer ist in der Krankenversicherung wegen Überschreitens der Jahresarbeitsentgeltgrenze versicherungsfrei. In der Renten- bzw. Arbeitslosenversicherung besteht in der Hauptbeschäftigung allerdings Versi-

cherungspflicht. Die Nebenbeschäftigung ist für sich betrachtet geringfügig entlohnt, weil das Arbeitsentgelt 400,00 € nicht übersteigt.

1. Krankenversicherung:
In der Krankenversicherung ist eine Zusammenrechnung von Haupt- und Nebenbeschäftigung nicht zulässig, weil die Hauptbeschäftigung keine Versicherungspflicht begründet.

2. Rentenversicherung:
Die Hauptbeschäftigung als Angestellter ist in der Rentenversicherung versicherungspflichtig. Eine Zusammenrechnung der beiden Beschäftigungen scheidet aber aus, weil es sich um den ersten Nebenjob handelt.

3. Arbeitslosenversicherung:
Auch in der Arbeitslosenversicherung ist die Hauptbeschäftigung versicherungspflichtig. Eine Zusammenrechnung von Haupt- und Nebenbeschäftigung ist hier generell ausgeschlossen.

In allen drei Versicherungszweigen ist also eine Zusammenrechnung nicht zulässig, sodass der 400 €-Job auch überall versicherungsfrei ist. Wegen der Versicherungsfreiheit in der Krankenversicherung besteht auch Versicherungsfreiheit in der Pflegversicherung.

„JAE-Überschreiter" und mehrere 400 €-Jobs

Übt ein Beschäftigter, der mit seinem Arbeitsentgelt die Jahresarbeitsentgeltgrenze in der Krankenversicherung übersteigt, mehrere jeweils für sich gesehen geringfügige Beschäftigungen aus, gilt in den einzelnen Versicherungszweigen Folgendes:

- In der Krankenversicherung ist eine Zusammenrechnung von Haupt- und Nebenbeschäftigung nicht zulässig, weil die Hauptbeschäftigung keine Versicherungspflicht begründet. Das Zusammenrechnungsverbot gilt wegen der Versicherungsfreiheit der Hauptbeschäftigung für alle daneben ausgeübten Nebenjobs. Untereinander sind die Nebenjobs zwar zu addieren. Aber selbst wenn das Arbeitsentgelt die 400 €-Grenze übersteigt, tritt Versicherungspflicht nicht ein, weil bereits Versicherungsfreiheit wegen Überschreitens der Jahresarbeitsentgeltgrenze vorliegt.

- Aus der Versicherungsfreiheit der Nebenjobs in der Krankenversicherung folgt auch die Versicherungsfreiheit in der Pflegeversicherung.
- Rentenversicherung: Ausgehend davon, dass die Hauptbeschäftigung versicherungspflichtig ist, darf der zuerst aufgenommene Nebenjob nicht mit der Hauptbeschäftigung zusammengerechnet werden. Er ist also versicherungsfrei. Alle weiteren Nebenjobs müssen allerdings zur Hauptbeschäftigung addiert werden, weil diese Versicherungspflicht begründet; für diese Nebenjobs besteht deshalb Versicherungspflicht.
- In der Arbeitslosenversicherung ist eine Zusammenrechnung von Haupt- und Nebenbeschäftigung generell nicht zulässig. Selbst eine Zusammenrechnung der 400 €-Jobs untereinander ist nicht möglich. Somit bleiben alle Nebenjobs für sich gesehen geringfügig entlohnt und damit versicherungsfrei.

Beamte und 400 €-Jobs

Die Tätigkeit als Beamter führt in keinem Sozialversicherungszweig zur Versicherungspflicht. Übt ein Beamter nur eine 400 €-Nebenbeschäftigung aus, besteht auch in diesem Nebenjob in allen Sozialversicherungszweigen Versicherungsfreiheit. Die Begründung hier für lautet einheitlich:

Eine Zusammenrechnung von Haupt- und Nebenbeschäftigung ist nur dann zulässig, wenn die Hauptbeschäftigung Versicherungspflicht begründet.

Übt ein Beamter allerdings neben seiner Hauptbeschäftigung mehrere geringfügig entlohnte Beschäftigungen aus, ist das Ganze nicht mehr so schnell abgehakt. Hier gilt es – wie so oft in der Sozialversicherung – einige Besonderheiten zu beachten.

- Krankenversicherung: Keiner der 400 €-Nebenjobs darf mit der Beschäftigung als Beamter zusammengerechnet werden, weil die Hauptbeschäftigung keine Versicherungspflicht begründet. Untereinander sind die Nebenjobs zwar zu addieren. Aber selbst wenn das Arbeitsentgelt aus allen Nebenjobs die 400 €-Grenze übersteigt, tritt Versicherungspflicht nicht ein, weil bereits Versicherungsfreiheit als Beamter vorliegt.
- Pflegeversicherung: Aus der Versicherungsfreiheit der Nebenjobs in der Krankenversicherung folgt auch diejenige in der Pflegeversicherung.
- Rentenversicherung: Wie bereits in der Krankenversicherung ist auch hier keiner der 400 €-Nebenjobs mit der Beschäftigung als Beamter zusammenzurechnen, weil die Hauptbeschäftigung keine Versicherungspflicht begründet.

  Untereinander sind die Nebenjobs allerdings zusammenzurechnen. Der Grundsatz, dass die erste Nebenbeschäftigung generell nicht mit der Hauptbeschäftigung zusammengerechnet wird, gilt nur, wenn die Hauptbeschäftigung auch Versicherungspflicht begründet. Liegt das Arbeitsentgelt aus allen Nebenjobs insgesamt unter 400,00 €, besteht in den einzelnen Nebenbeschäftigungen Versicherungsfreiheit. Wird die 400 €-Grenze allerdings überschritten, tritt in allen Nebenjobs Versicherungspflicht ein.

- Arbeitslosenversicherung: In der Arbeitslosenversicherung gelten in solch einer Konstellation die gleichen „Spielregeln" wie in der Rentenversicherung. Das bedeutet: Haupt- und Nebenbeschäftigung dürfen nicht zusammengerechnet werden, weil die Hauptbeschäftigung keine Versicherungspflicht begründet.

  Untereinander sind die Nebenjobs allerdings alle zusammenzurechnen. Liegt das Arbeitsentgelt aus allen Nebenjobs insgesamt unter 400,00 €, besteht in den einzelnen Nebenbeschäftigungen Versicherungsfreiheit. Wird die 400 €-Grenze überschritten, tritt in allen Nebenjobs Versicherungspflicht ein.

Beispiel:

Ein Arbeitnehmer übt neben seiner Hauptbeschäftigung beim Arbeitgeber A als Beamter noch zwei weitere Beschäftigungen aus. Beim Arbeitgeber B erhält er für seine Tätigkeit monatlich 200,00 € Arbeitsentgelt und beim Arbeitgeber C 240,00 € monatlich.
Der Arbeitnehmer ist in seiner Tätigkeit als Beamter in allen Sozialversicherungszweigen versicherungsfrei. Hinsichtlich der beiden Nebenjobs gelten in den einzelnen Sozialversicherungszweigen unterschiedliche Regelungen.

1. Krankenversicherung:
Keiner der beiden 400 €-Nebenjobs darf mit der Beschäftigung als Beamter zusammengerechnet werden, weil die Hauptbeschäftigung keine

Versicherungspflicht begründet. Untereinander sind die Nebenjobs grundsätzlich zu addieren. Aber obwohl das Arbeitsentgelt aus allen Nebenjobs (440,00 €) die 400 €-Grenze übersteigt, tritt Versicherungspflicht nicht ein, weil Versicherungsfreiheit als Beamter vorliegt.

2. Pflegeversicherung:
Aus der Versicherungsfreiheit der Nebenjobs in der Krankenversicherung folgt auch die Versicherungsfreiheit in der Pflegeversicherung.

3. Rentenversicherung:
Wie bereits in der Krankenversicherung ist auch hier eine Zusammenrechnung der 400 €-Nebenjobs mit der Beschäftigung als Beamter nicht zulässig, weil die Hauptbeschäftigung keine Versicherungspflicht begründet.
Untereinander sind die Nebenjobs allerdings alle zusammenzurechnen. Der Grundsatz, dass die erste Nebenbeschäftigung generell nicht mit anderen Beschäftigungen zusammengerechnet wird, gilt nur, wenn die Hauptbeschäftigung Versicherungspflicht begründet. Weil das Arbeitsentgelt aus allen Nebenjobs insgesamt die 400 €-Grenze übersteigt, tritt in allen Nebenjobs Versicherungspflicht ein.

4. Arbeitslosenversicherung:
Auch hier gilt: Haupt- und Nebenbeschäftigung dürfen nicht zusammengerechnet werden, weil die Hauptbeschäftigung keine Versicherungspflicht begründet. Untereinander sind die Nebenjobs allerdings alle zusammenzurechnen. Weil das Arbeitsentgelt aus allen Nebenjobs insgesamt die 400 €-Grenze übersteigt, tritt auch hier in allen Nebenjobs Versicherungspflicht ein.

Besondere Personengruppen

Bei bestimmten Personengruppen, die geringfügig entlohnte Beschäftigungen ausüben, müssen Sie einige Besonderheiten beachten.

Personen in Elternzeit

Wird eine geringfügig entlohnte Beschäftigung in der Elternzeit ausgeübt, ist diese Beschäftigung in der Sozialversicherung versicherungsfrei. Unerheblich ist dabei, ob die Beschäftigung beim bisherigen oder bei einem anderen Arbeitgeber ausgeübt wird.

Werden mehrere 400 €-Beschäftigungen in der Elternzeit ausgeübt, müssen diese alle zusammengerechnet werden. Wird dann allerdings die 400 €-Grenze überschritten, besteht für alle 400 €-Jobs Versicherungspflicht in der Sozialversicherung.

Wehr- oder Zivildienstleistende

Auch bei Wehr- oder Zivildienstleistenden gilt, dass eine geringfügig entlohnte Beschäftigung in der Sozialversicherung versicherungsfrei ist. Es spielt keine Rolle, ob die Beschäftigung beim bisherigen oder bei einem anderen Arbeitgeber ausgeübt wird.

Werden neben dem Wehr- oder Zivildienst mehrere 400 €-Nebenjobs ausgeübt, müssen diese auch zusammengerechnet werden. Übersteigt das Arbeitsentgelt aus allen Beschäftigungen die 400 €-Grenze, tritt in allen Beschäftigungen Versicherungspflicht ein.

Bezieher von Leistungen vom Arbeitsamt

Übt ein Arbeitnehmer, der Leistungen vom Arbeitsamt erhält (z. B. Arbeitslosengeld, Arbeitslosenhilfe oder Unterhaltsgeld) eine geringfügig entlohnte Nebenbeschäftigung aus, ist auch diese in der Sozialversicherung versicherungsfrei.

Werden neben dem Leistungsbezug mehrere Nebenjobs ausgeübt, tritt Versicherungspflicht in allen Beschäftigungen ein, wenn das Arbeitsentgelt aus allen Beschäftigungen über 400,00 € liegt.

Studenten

Übt der Student eine geringfügig entlohnte Beschäftigung aus, bleibt das Arbeitsentgelt sozialabgabenfrei. Allerdings: Wie bei allen anderen 400 €-Beschäftigungen auch, muss der Arbeitgeber pauschale Beiträge zur Krankenversicherung in Höhe von elf Prozent und zur Rentenversicherung in Höhe von zwölf Prozent vom Arbeitsentgelt zahlen. Bei einer Beschäftigung im Privathaushalt betragen die Pauschalbeiträge jeweils fünf Prozent. Der Pauschalbeitrag zur Krankenversicherung fällt jedoch – wie sonst auch – nur an, wenn der Student gesetzlich versichert ist (z. B. als Student oder als Familienversicherter über die Eltern). Verzichtet der Arbeitgeber auf die Vorlage einer Lohnsteuerkarte, zahlt er zusätzlich eine Pauschsteuer in Höhe von zwei Prozent des Arbeitsentgelts. Details zu den Pauschalbeiträgen zur Kranken- und Rentenversicherung sowie zu den Pauschsteuern erfahren Sie im Kapitel „Pauschale Beiträge und Steuern" (siehe Seite 41 ff.).

Überschreitet der Student die Grenzen einer 400 €-Beschäftigung, müssen Sie einige Besonderheiten beachten. In diesem Fall kommt es für die Kranken-, Pflege- und Arbeitslosenversicherung nämlich darauf an, ob das Erscheinungsbild als Student gegenüber demjenigen als Arbeitnehmer überwiegt.

- Maßgeblich ist dabei ausschließlich die wöchentliche Arbeitszeit. Beträgt diese regelmäßig nicht mehr als 20 Stunden, bleibt es beim Erscheinungsbild als Student; die Beschäftigung ist also kranken-, pflege- und arbeitslosenversicherungsfrei. Der Arbeitgeber muss keine Beiträge zahlen, auch keine Pauschalbeiträge zur Krankenversicherung. Die Höhe des Arbeitsentgelts spielt hierbei im Übrigen keine Rolle.
- In der Rentenversicherung tritt jedoch Versicherungspflicht ein. Die Folge: Arbeitgeber und Student haben die Beiträge in Höhe von 19,5 Prozent anteilig zu tragen. Liegt das Arbeitsentgelt allerdings innerhalb der Gleitzone (400,01 € bis 800,00 €), gelten hinsichtlich des beitragspflichtigen Arbeitsentgelts sowie der Beitragstragung Besonderheiten. In diesem Fall ist für die Beitragsberechnung ein fiktives Arbeitsentgelt zu ermitteln. Der Student trägt dann einen Arbeitnehmer-Beitragsanteil ausgehend von einem reduzierten Arbeitsentgelt.

Beispiel:

Ein Student übt eine Dauerbeschäftigung mit einer regelmäßigen wöchentlichen Arbeitszeit von 20 Stunden aus.

In der Kranken-, Pflege- und Arbeitslosenversicherung besteht Versicherungsfreiheit, weil das Erscheinungsbild als Student noch überwiegt. In der Rentenversicherung hingegen besteht Versicherungspflicht. Soweit das Arbeitsentgelt regelmäßig nicht mehr als 800,00 € beträgt, sind für die Beitragsberechnung die besonderen Regelungen der Gleitzone anzuwenden.

Kranken-, Pflege- und Arbeitslosenversicherungsfreiheit kann übrigens auch bei einer wöchentlichen Arbeitszeit von mehr als 20 Stunden vorliegen. Sollte die Beschäftigung nämlich überwiegend in den Abend- oder Nachtstunden oder am Wochenende ausgeübt werden, bleibt es bei der Versicherungsfreiheit. Gleiches gilt, wenn die 20-Stunden-Grenze ausschließlich in den Semesterferien überschritten wird.

Beispiel
Eine Studentin geht einer Dauerbeschäftigung nach. Die wöchentliche Arbeitszeit beträgt normalerweise 18 Stunden (900,00 € monatlich). In den Semesterferien vom 15.2. bis 10.4. erhöht sie die wöchentliche Arbeitszeit auf 40 Stunden (2.100,00 € monatlich).
Es besteht durchgehend Versicherungsfreiheit in der Kranken-, Pflege- und Arbeitslosenversicherung. In der Rentenversicherung hingegen tritt von Anfang an Versicherungspflicht ein, weil die Geringfügigkeitsgrenzen überschritten werden.

Ausführliche Informationen zu der neuen Gleitzonenregelung bietet Ihnen das Kapitel „Wenn der Mini-Job ein wenig größer wird“ ab Seite 69.

Wann tritt die Versicherungspflicht ein?

Die sozialversicherungsrechtliche Beurteilung eines Beschäftigungsverhältnisses vorzunehmen ist in aller Regel Aufgabe des Arbeitgebers. Dazu müssen bei ihm zahlreiche Daten und Fakten zusammenfließen. Deshalb sind auch Arbeitnehmer aufgefordert, dem Arbeitgeber alle für eine korrekte sozialversicherungsrechtliche Beurteilung notwendigen Angaben zu machen. Dazu gehört insbesondere, dass sie dem Arbeitgeber Auskunft über evtl. Vorbeschäftigungen oder über aktuelle weitere Beschäftigungen geben.

In der Vergangenheit ist es nicht selten vorgekommen, dass die Sozialversicherungsträger im Nachhinein Überschneidungen von geringfügigen Beschäftigungen oder Haupt- und Nebenbeschäftigungen festgestellt haben. Das führte dann im Einzelfall zur rückwirkenden Versicherungspflicht und erheblichen Beitragsnachforderungen.

Um dieses Risiko zu vermeiden, beginnt ab 1.4.2003 die Versicherungspflicht in solchen Fällen nicht mehr rückwirkend, sondern immer erst dann, wenn der Sozialversicherungsträger dem Arbeitgeber die Überschneidung schriftlich mitteilt; den genauen Termin des Beginns der Versicherungspflicht entnehmen Sie der entsprechenden Mitteilung.

Das trifft auch zu, wenn die Sozialversicherungsträger Überschneidungen oder Überschreitungen der Zeitgrenzen bei kurzfristigen Beschäftigungen (siehe Kapitel „Kurzfristige Beschäftigungen", Seite 53 ff.) feststellen.

▪ *Die Regelung gilt nicht, wenn der Arbeitgeber vorsätzlich oder grob fahrlässig nicht alle Fakten für die richtige sozialversicherungsrechtliche Beurteilung aufgeklärt hat.* ▪

Wenn Arbeitnehmer auf die Rentenversicherungsfreiheit verzichten

Alle Arbeitnehmer, die eine in der Rentenversicherung versicherungsfreie geringfügig entlohnte Beschäftigung ausüben, haben die Möglichkeit, auf die Rentenversicherungsfreiheit zu verzichten.

In der Krankenversicherung gibt es einen solchen Verzicht auf die Versicherungsfreiheit nicht.

Was bringt der Verzicht?

Wenn ein Arbeitnehmer in seiner geringfügig entlohnten Beschäftigung auf die Rentenversicherungsfreiheit verzichtet, hat das zur Folge, dass die gezahlten Beiträge für die Rentenversicherung nicht mehr als Pauschalbeiträge gelten, sondern der Arbeitnehmer sie als Pflichtbeiträge anerkennt. Das hat u. a. Auswirkungen auf den Leistungsanspruch in der Rentenversicherung.

Beispielsweise erwirbt der Arbeitnehmer durch den Verzicht auf die Rentenversicherungsfreiheit Ansprüche auf Rehabilitationsleistungen – besser bekannt unter dem Begriff „Reha-Kuren". Noch ein entscheidender Vorteil: Zeiten, für die in der Rentenversicherung Pflichtbeiträge gezahlt werden, gelten als Versicherungszeiten, sind damit auch auf die so genannten „Wartezeiten" anzurechnen und können somit zu einem Rentenanspruch führen.

Für welche Beschäftigungen gilt der Verzicht?

Sofern der Arbeitnehmer mehrere geringfügige Beschäftigungen gleichzeitig ausübt, gilt sein Verzicht auf die Rentenversicherungsfreiheit immer für alle Beschäftigungen. Er kann einen ausgesprochenen Verzicht auch nicht rückgängig machen. Der Verzicht gilt immer für die gesamte Dauer der Beschäftigung und endet erst mit deren Aufgabe. Nimmt der Arbeitnehmer zu einem späteren Zeitpunkt erneut einen geringfügig entlohnten Nebenjob auf, muss er auch wieder neu auf die Rentenversicherungsfreiheit verzichten. Der Arbeitnehmer muss den Verzicht auf die Rentenversicherungsfreiheit stets schriftlich gegenüber seinem Arbeitgeber erklären.

Ab wann gilt der Verzicht?

Erklärt der Arbeitnehmer den Verzicht auf die Rentenversicherungsfreiheit innerhalb von zwei Wochen nach Aufnahme der Beschäftigung, besteht auch ab Beginn der Beschäftigung Rentenversicherungspflicht, wenn er dies so wünscht. Gibt er die Erklärung erst später ab, beginnt die Versicherungspflicht mit dem Tag, der dem Tag des Eingangs der Erklärung beim Arbeitgeber folgt – es sei denn, der Beschäftigte bestimmt einen noch späteren Zeitpunkt.

Was geschieht in Übergangsfällen?

Wann besteht die Versicherungspflicht fort?

Bei denjenigen Arbeitnehmern, die bereits vor dem 1.4.2003 eine geringfügige Beschäftigung ausgeübt haben, sind einige Besonderheiten zu beachten. Dies betrifft in erster Linie die Arbeitnehmer, die bisher in ihrer Beschäftigung aufgrund

- der Höhe ihres Arbeitsentgelts (über 325,00 €) oder
- ihrer wöchentlichen Arbeitszeit (mehr als 15 Stunden)

versicherungspflichtig waren und nach den jetzigen Regelungen als versicherungsfrei zu beurteilen wären, weil ihr Arbeitsentgelt 400,00 € nicht übersteigt. Für diese Arbeitnehmer bleibt es auch über den 1.4.2003 hinaus grundsätzlich in allen Sozialversicherungszweigen bei der Versicherungspflicht. Lediglich in der Kranken- und Pflegeversicherung endet die Versicherungspflicht mit dem 31.3.2003, wenn für die Arbeitnehmer ein Anspruch auf eine beitragsfreie Familienversicherung besteht.

Welche Befreiungsrechte gibt es?

Alle Arbeitnehmer, die aufgrund der Übergangsvorschriften versicherungspflichtig bleiben, haben die Möglichkeit, sich in allen oder einzelnen Sozialversicherungszweigen von der Versicherungspflicht befreien zu lassen. Damit dies für die Arbeitnehmer möglichst einfach ist, kann der Arbeitnehmer seinem Arbeitgeber gegenüber erklären, dass er von der Versicherungspflicht befreit werden will. Er muss also nicht bei jedem Sozialversicherungsträger einen gesonderten Antrag stellen.

Antragsfrist

Für den Antrag auf die Befreiung von der Versicherungspflicht gilt grundsätzlich eine Frist bis zum 30.6.2003. Stellt der Arbeitnehmer den Antrag innerhalb dieser Frist, beginnt die Versicherungsfreiheit rückwirkend zum 1.4.2003. Nur in der Rentenversicherung kann auch nach dem 30.6.2003 noch ein Befreiungsantrag gestellt werden, die Befreiung wirkt dann aber erst vom Tag des Antrags an.

Pauschale Beiträge und Steuern

Pauschalbeiträge und -steuern sollen es dem Arbeitgeber leichter machen. Doch welche Pauschalen kommen in Frage? Und was sind die Berechnungsgrundlagen? Was geschieht, wenn der Arbeitnehmer auf die Rentenversicherungsfreiheit verzichtet?

Pauschalbeiträge zur Kranken- und Rentenversicherung

Bei der Reform der geringfügigen Beschäftigungsverhältnisse im Jahr 1999 wurden für geringfügig entlohnte Beschäftigungen erstmals pauschale Beiträge zur Kranken- und Rentenversicherung eingeführt. Daran ändert sich auch ab 1.4.2003 grundsätzlich nichts. Die pauschalen Beitragssätze betragen

- zur Krankenversicherung elf Prozent (bisher zehn Prozent) und
- zur Rentenversicherung zwölf Prozent.

Pauschale Beiträge zur Pflege- und Arbeitslosenversicherung fallen dagegen nach wie vor nicht an.

Was dient zur Berechnungsgrundlage?

Grundlage der Berechnung der pauschalen Beiträge zur Kranken- und Rentenversicherung ist das Arbeitsentgelt der geringfügigen Beschäftigung. Dieses dürfte in aller Regel nicht höher sein als 400,00 €.

Davon gibt es allerdings auch Ausnahmen. Überschreitet das Arbeitsentgelt in einzelnen Monaten die 400 €-Grenze, beispielsweise weil Urlaubs- oder Weihnachtsgeld gezahlt wird, sind die Pauschalbeiträge auch von dem über 400,00 € hinausgehenden Betrag zu berechnen. Gleiches gilt, wenn Arbeitsentgelt nachgezahlt wird oder es zu einem gelegentlichen und unvorhergesehenen Überscheiten der 400 €-Grenze kommt.

Beispiel:
Ein Arbeitnehmer übt eine geringfügig entlohnte Beschäftigung für ein monatliches Arbeitsentgelt von 350,00 € aus. Im Monat Juli muss er wider Erwarten eine Krankheitsvertretung übernehmen. Dadurch erhöht sich sein Arbeitsentgelt in diesem Monat auf 570,00 €.
Die Pauschalbeiträge zur Kranken- und Rentenversicherung sind im Monat Juli aus dem erhöhten Arbeitsentgelt von 570,00 € zu zahlen. Die pauschalen Beiträge betragen also in diesem Monat zur Krankenversicherung 62,70 € (elf Prozent von 570,00 €) und zur Rentenversicherung 68,40 € (zwölf Prozent von 570,00 €).

Wann müssen Pauschalbeiträge gezahlt werden?

Krankenversicherung

Die pauschalen Beiträge zur Krankenversicherung sind immer nur dann zu zahlen, wenn der Arbeitnehmer auch in der gesetzlichen Krankenversicherung versichert ist (z. B. als Familienversicherter oder freiwillig Versicherter). Für privat Krankenversicherte entfällt die pauschale Beitragszahlung.

▪ *Entsteht in der geringfügigen Beschäftigung Krankenversicherungspflicht, weil diese Beschäftigung beispielsweise mit einer Hauptbeschäftigung zusammenzurechnen ist, entfallen die Pauschalbeiträge. Dann sind „normale" Pflichtbeiträge zu zahlen.* ▪

Rentenversicherung

Auch in der Rentenversicherung sind Pauschalbeiträge dann zu zahlen, wenn der 400 €-Job versicherungsfrei ist. Hier ist allerdings nicht Voraussetzung, dass der Arbeitnehmer auch in der Rentenversicherung versichert ist. Pauschalbeiträge zur Rentenversicherung sind auch zu zahlen, wenn der Arbeitnehmer versicherungsfrei ist, weil

- er eine Altersvollrente bezieht oder
- er eine Beamtenpension oder berufsständische Altersversorgung erhält (z. B. bei Architekten oder Rechtsanwälten) oder
- er älter als 65 Jahre ist und bis zum 65. Lebensjahr nicht versichert war oder die Rentenversicherungsbeiträge danach erstattet wurden.

Kommt es in der Rentenversicherung zu einer Zusammenrechnung von Haupt- und Nebenbeschäftigung und tritt dadurch auch im Nebenjob Versicherungspflicht ein, sind keine Pauschalbeiträge, sondern Pflichtbeiträge zu zahlen.

Beispiel:

Ein Angestellter übt eine Beschäftigung beim Arbeitgeber A für ein monatliches Arbeitsentgelt von 2.850,00 € aus. Gleichzeitig übt er beim Arbeitgeber B eine Beschäftigung für 400,00 € aus.

In seiner Hauptbeschäftigung beim Arbeitgeber A ist der Angestellte in allen Sozialversicherungszweigen versicherungspflichtig. Eine Zusammenrechnung von Haupt- und Nebenbeschäftigung scheidet aus, weil nur ein Nebenjob ausgeübt wird. Die Beschäftigung beim Arbeitgeber B bleibt also versicherungsfrei, allerdings sind Pauschalbeiträge zur Krankenversicherung (elf Prozent von 400,00 € = 44,00 €) und Rentenversicherung (zwölf

Prozent von 400,00 € = 48,00 €) zu zahlen. Zur Pflege- und Arbeitslosenversicherung fallen keine Beiträge aus dem Nebenjob an.

Durch die Pauschalbeiträge zur Krankenversicherung entsteht für den Arbeitnehmer kein eigenständiges Versicherungsverhältnis. Er bleibt vielmehr so versichert, wie er es auch bisher schon gewesen ist. In der Rentenversicherung wirken sich die pauschalen Beiträge später rentensteigernd aus.

■ *Pauschale Beiträge zur Kranken- und Rentenversicherung brauchen aber nicht gezahlt zu werden, wenn die geringfügig entlohnte Beschäftigung gleichzeitig auch die Merkmale einer kurzfristigen Beschäftigung (siehe Kapitel „Kurzfristige Beschäftigungen") erfüllt.* ■

Wer zahlt die Pauschalbeiträge?

Die pauschalen Beiträge zur Kranken- und Rentenversicherung hat immer der Arbeitgeber zu zahlen, und zwar in voller Höhe. Für den Arbeitnehmer fällt keine Zahlung von Pauschalbeiträgen an.

Kommt es allerdings wegen der Zusammenrechnung von Haupt- und Nebenbeschäftigung zur Versicherungspflicht im Nebenjob, sind die dann zu zahlenden Pflichtbeiträge von Arbeitgeber und Arbeitnehmer anteilig zu tragen.

Die Beiträge bei Verzicht auf die Rentenversicherungsfreiheit

Verzichtet der Arbeitnehmer auf die Rentenversicherungsfreiheit, ist zur Rentenversicherung nicht nur der Pauschalbeitrag des Arbeitgebers in Höhe von zwölf Prozent, sondern der volle Beitrag, also 19,5 Prozent, zu zahlen.

Dabei zahlt der Arbeitgeber auch bei einem Verzicht weiterhin nur den Beitragsanteil in Höhe von zwölf Prozent. Den Unterschiedsbetrag zum vollen Rentenversicherungsbeitrag muss der Arbeitnehmer aus eigener Tasche zahlen.

▪ *Im Jahr 2003 beträgt der volle Rentenversicherungsbeitrag 19,5 Prozent. Die Beitragsbelastung des Arbeitnehmers beträgt 2003 also 7,5 Prozent.* ▪

Beispiel:
Eine familienversicherte Hausfrau nimmt am 1.8.2003 eine geringfügig entlohnte Beschäftigung gegen ein monatliches Arbeitsentgelt in Höhe von 380,00 € auf. Sie erklärt gleichzeitig den Verzicht auf die Rentenversicherungsfreiheit.
Die geringfügig entlohnte Beschäftigung ist in der Kranken-, Pflege- und Arbeitslosenversicherung versicherungsfrei. Durch die Verzichtserklärung wird die Hausfrau in der Rentenversicherung versicherungspflichtig.
Der Arbeitgeber hat zur Krankenversicherung den Pauschalbeitrag in Höhe von 41,80 € (11 % von 380,00 €) zu zahlen. Zur Rentenversicherung ist allerdings der volle Beitrag zu entrichten. Der Arbeitgeber trägt zwölf Prozent, hier also 45,60 €. Die Hausfrau muss 7,5 Prozent zahlen, also 28,50 €.

Wie hoch ist die Mindestbemessungsgrundlage?

Um sehr geringe Beiträge zur Rentenversicherung zu vermeiden, gilt bei einem Verzicht auf die Rentenversicherungsfreiheit eine monatliche Mindestbemessungsgrundlage von 155,00 €. Liegt das Arbeitsentgelt unter diesem Betrag, hat das Auswirkungen für den Arbeitnehmer. Dann errechnet sich der Gesamtbeitrag zur Rentenversicherung aus diesem Mindestentgelt. Der Arbeitgeber zahlt jedoch weiterhin nur zwölf Prozent vom tatsächlichen Arbeitsentgelt. Der Arbeitnehmer muss dann den gesamten Unterschiedsbetrag bis zum Mindestbeitrag von zur Zeit 30,23 € (19,5 Prozent von 155,00 €) selbst aufbringen.

Beispiel:
Eine familienversicherte Verkäuferin übt ab 1.5.2003 eine Nebenbeschäftigung für ein monatliches Arbeitsentgelt von 130,00 € aus. Um ihre Rentenversicherungszeiten aufzufüllen, verzichtet sie auf die Rentenversicherungsfreiheit.
Die geringfügig entlohnte Beschäftigung ist in der Kranken-, Pflege- und Arbeitslosenversicherung versicherungsfrei. Durch den Verzicht auf die Rentenversicherungsfreiheit wird die Hausfrau in der Rentenversicherung versicherungspflichtig.
Der Arbeitgeber hat zur Krankenversicherung den Pauschalbeitrag in Höhe von 14,30 € (11 % von 130,00 €) zu zahlen. Zur Rentenversicherung ist der volle Beitrag zu entrichten. Weil das Arbeitsentgelt unter 155,00 € liegt, wird der Gesamtbeitrag aus diesem Mindestentgelt berechnet. Er beträgt 30,23 € (19,5 % von 155,00 €). Der Arbeitgeber trägt allerdings weiterhin nur zwölf Prozent vom tatsächlichen Arbeitsentgelt, hier also 15,60 € (12 % von 130,00 €). Der Beitragsanteil der Verkäuferin beträgt 14,63 € (30,23 € – 15,60 €).

Pauschalbeiträge für Beschäftigte im Privathaushalt

Für geringfügig Beschäftigte in Privathaushalten gelten abweichende Pauschalbeitragssätze, und zwar sowohl zur Kranken- als auch zur Rentenversicherung einheitlich jeweils fünf Prozent. Daneben sind – wie auch bei Beschäftigten außerhalb vom Privathaushalt – zusätzlich zwei Prozent Pauschsteuer zu zahlen.

Auch Beschäftigte im Privathaushalt haben die Möglichkeit, auf die Rentenversicherungsfreiheit zu verzichten. Der Arbeitgeber zahlt dann weiterhin nur fünf Prozent vom Arbeitsentgelt. Den Unterschiedsbetrag zum vollen Beitrag, das sind 14,5 Prozent, muss der Arbeitnehmer tragen.

Beispiel

Eine familienversicherte Hausfrau nimmt am 1.8.2003 eine geringfügig entlohnte Beschäftigung in einem Privathaushalt gegen ein monatliches Arbeitsentgelt in Höhe von 210,00 € auf. Sie erklärt gleichzeitig den Verzicht auf die Rentenversicherungsfreiheit.
Die geringfügig entlohnte Beschäftigung ist in der Kranken-, Pflege- und Arbeitslosenversicherung versicherungsfrei. Durch die Verzichtserklärung wird die Hausfrau in der Rentenversicherung versicherungspflichtig.
Der Arbeitgeber hat zur Krankenversicherung den Pauschalbeitrag in Höhe von 10,50 € (5 % von 210,00 €) zu zahlen. Zur Rentenversicherung ist allerdings der volle Beitrag zu entrichten. Der Arbeitgeber trägt auch hier fünf Prozent, also ebenfalls 10,50 €. Die Hausfrau muss 14,5 Prozent zahlen, also 30,45 € im Monat.

Neu ab 1.4.2003: Pauschale Steuern

Abgeltungssteuer in Höhe von zwei Prozent

Ab 1.4.2003 müssen für geringfügig entlohnte Nebenjobs auch Steuern gezahlt werden. Die Steuer muss allerdings nicht nach den individuellen Verhältnissen des Arbeitnehmers (Steuerklasse, Freibeträge) berechnet werden. Damit die Berechnung der Steuer für die Arbeitgeber möglichst einfach ist, besteht die Möglichkeit, auf das Arbeitsentgelt eine so genannte Abgeltungssteuer in Höhe von zwei Prozent zu erheben. Diese Abgeltungssteuer umfasst dann auch den Solidaritätszuschlag sowie ggf. die Kirchensteuer.

Die Erhebung der zweiprozentigen Pauschsteuer ist allerdings nur dann möglich, wenn entweder Pauschalbeiträge zur Rentenversicherung gezahlt werden oder der Arbeitnehmer in seinem Nebenjob auf die Rentenversicherungsfreiheit verzichtet hat und deshalb Aufstockungsbeiträge zur Rentenversicherung zu zahlen sind (siehe Kapitel „Verzicht auf die Rentenversicherungsfreiheit").

Sofern der Arbeitgeber von der Möglichkeit der Abgeltungssteuer Gebrauch macht, ist die Vorlage einer Lohnsteuerkarte des Beschäftigten nicht notwendig.

Beispiel:

Eine familienversicherte Hausfrau übt eine Beschäftigung als Büroassistentin aus. Das regelmäßige monatliche Arbeitsentgelt beträgt 350,00 €.

Bei der ausgeübten Beschäftigung handelt es sich um eine geringfügig entlohnte Beschäftigung, weil das monatliche Arbeitsentgelt die Geringfügigkeitsgrenze von 400,00 € nicht übersteigt.
Der Arbeitgeber zahlt pauschale Beiträge zur Krankenversicherung in Höhe von 38,50 € (11 % von 350,00 €) und zur Rentenversicherung in Höhe von 42,00 € (12 % von 350,00 €). Darüber hinaus ist noch eine Pauschalsteuer in Höhe von 7,00 € (2 % von 350,00 €) zu zahlen. Insgesamt muss der Arbeitgeber aus dem 400 €-Job also Abgaben in Höhe von 87,50 € zahlen.

Pauschsteuer in Höhe von 20 Prozent

Sind für eine geringfügig entlohnte Beschäftigung keine pauschalen Beiträge zur Rentenversicherung oder Aufstockungsbeiträge zu zahlen (beispielsweise weil die Beschäftigung mit einer weiteren geringfügig entlohnten Beschäftigung zusammenzurechnen ist und deshalb in der Rentenversicherung Versicherungspflicht besteht), ist die Erhebung der zweiprozentigen Pauschsteuer nicht mehr möglich.

In diesen Fällen besteht allerdings die Möglichkeit, die Lohnsteuer mit einem Pauschalsteuersatz in Höhe von 20 Prozent zu erheben. Beachten Sie in diesem Fall aber, dass dann der Solidaritätszuschlag und ggf. die Kirchensteuer noch gesondert berechnet werden müssen. Auch bei der 20-prozentigen Pauschsteuererhebung ist die Vorlage einer Lohnsteuerkarte nicht notwendig.

▪ *Das bisher geltende Steuerfreistellungsverfahren ist durch die Einführung der Pauschsteuer weggefallen. Die Vorlage der bisher von den Finanzämtern ausgestellten Freistellungsbescheinigungen beim Arbeitgeber ist deshalb nicht mehr erforderlich.* ▪

Wer zahlt die Pauschsteuer?

Wie bereits die pauschalen Beiträge zur Kranken- und Rentenversicherung muss der Arbeitgeber auch die Pauschsteuer in voller Höhe zahlen. Das gilt sowohl für die zweiprozentige Abgeltungssteuer als auch für die 20-prozentige Pauschsteuer.

Rechnet man die pauschalen Beiträge zur Kranken- und Pflegeversicherung hinzu, wird der Arbeitgeber bei einem geringfügigen Nebenjob in aller Regel also mit insgesamt 25 Prozent Abgaben (11 % pauschale Krankenversicherungsbeiträge, 12 % pauschale Rentenversicherungsbeiträge und 2 % Pauschalsteuer) belastet.

Zahlung und Nachweis der Pauschalbeiträge und -steuern

Grundsätzlich gilt zunächst, dass sowohl die Pauschalbeiträge zur Kranken- und Rentenversicherung als auch die Beiträge bei Verzicht auf die Rentenversicherungsfreiheit (Aufstockungsbeiträge) zum Gesamtsozialversicherungsbeitrag gehören.

Bisher musste der Arbeitgeber die Pauschalbeiträge immer an die Krankenkasse zahlen, bei der der geringfügig Beschäftigte versichert war. Das ist jetzt nicht mehr möglich. Die Pauschalbeiträge zur Kranken- und Rentenversicherung sowie die Rentenversicherungsbeiträge bei Verzicht auf die Rentenversicherungsfreiheit sind ab 1.4.2003 zentral an die Bundesknappschaft zu zahlen. Das gilt selbst dann, wenn

Pauschalbeiträge beispielsweise nur zur Krankenversicherung zu zahlen sind und in der Rentenversicherung Versicherungspflicht besteht. In diesen Fällen kommt es künftig also zu unterschiedlichen Zahlungswegen.

Die Zahlung der pauschalen Beiträge zur Kranken- und Rentenversicherung an die Bundesknappschaft führt aber nicht dazu, dass dort auch eine Mitgliedschaft in der Krankenversicherung entsteht. Selbstverständlich bleiben alle geringfügig Beschäftigten bei ihrer bisherigen Krankenkasse versichert.

Im Übrigen ist auch die zweiprozentige Abgeltungssteuer zusammen mit den Pauschalbeiträgen an die Bundesknappschaft zu zahlen.

Für den Nachweis der Pauschalbeiträge und der Pauschsteuern müssen die Arbeitgeber ab 1.4.2003 für die Bundesknappschaft einen gesonderten Beitragsnachweis für geringfügig Beschäftigte ausfüllen. In diesen Beitragsnachweis muss auch die Steuernummer des Arbeitgebers eingetragen werden, damit die Bundesknappschaft die Pauschsteuern an das richtige Finanzamt weiterleiten kann.

Kurzfristige Beschäftigungen

Auch wenn Arbeitnehmer kurzfristig beschäftigt sind, gelten sie als geringfügig Beschäftigte – unabhängig von der Höhe des Arbeitsentgelts. Doch was genau bedeutet kurzfristig? Was geschieht bei Verlängerung des Arbeitsvertrags? Oder wenn der Arbeitnehmer mehreren solchen Beschäftigungen nachgeht?

Wann liegt eine kurzfristige Beschäftigung vor?

Auch ab dem 1.4.2003 gilt: Eine kurzfristig ausgeübte Beschäftigung ist in der Sozialversicherung versicherungsfrei. Eine kurzfristige und damit versicherungsfreie Beschäftigung liegt vor, wenn diese von vornherein auf maximal zwei Monate (60 Kalendertage) bzw. auf 50 Arbeitstage befristet ist. Die Befristung kann vertraglich vereinbart sein, sich aber auch aus der Eigenart der Beschäftigung ergeben.

- Von dem Zweimonatszeitraum ist nach wie vor auszugehen, wenn die Beschäftigung an mindestens fünf Tagen in der Woche ausgeübt wird.
- Wird die Beschäftigung an weniger als fünf Tagen in der Woche ausgeübt, ist bei der Beurteilung der Kurzfristigkeit von 50 Arbeitstagen auszugehen. Beachten Sie dabei:
  - Ein Nachtdienst, der sich über zwei Kalendertage erstreckt, gilt als ein Arbeitstag.
  - Werden an einem Kalendertag mehrere kurzfristige Beschäftigungen ausgeübt, gilt auch dieser Kalendertag als ein Arbeitstag.

Kurzfristigkeit und damit Versicherungsfreiheit ist übrigens ausgeschlossen, wenn die Beschäftigung berufsmäßig ausgeübt wird und das Arbeitsentgelt aus dieser Beschäftigung 400,00 € im Monat überschreitet.

Werden mehrere Beschäftigungen zusammengerechnet?

Zur Prüfung der Frage, ob die Zeiträume von zwei Monaten bzw. 50 Arbeitstagen überschritten werden, sind weiterhin mehrere Beschäftigungen zusammenzurechnen. Dies gilt übrigens auch dann, wenn die Beschäftigungen bei unterschiedlichen Arbeitgebern ausgeübt werden.

Neu ab 1.4.2003 ist allerdings, dass hierbei nicht mehr auf das Jahr, sondern auf das Kalenderjahr abgestellt wird. Wurde bislang vom voraussichtlichen Ende der Beschäftigung ein Jahr zurückgerechnet, beginnt der Zeitraum zur Prüfung der anzurechnenden Vorbeschäftigungen nunmehr stets mit dem 1.1. des jeweiligen Kalenderjahres. Sie müssen also jeweils bei Beginn einer neuen Beschäftigung prüfen, ob die im gleichen Kalenderjahr bereits ausgeübten Beschäftigungen zusammen mit der zu beurteilenden Beschäftigung die Zeitgrenze von zwei Monaten bzw. 50 Arbeitstagen überschreitet. Der Beurteilungszeitraum endet stets mit dem voraussichtlichen Ende der Beschäftigung.

Beispiel:
Eine Beschäftigung wird zeitlich vom 1.6.2003 bis 15.7.2003 befristet.
Beurteilungszeitraum nach altem Recht: 16.7.2002–15.7.2003
Beurteilungszeitraum nach neuem Recht: 1.1.2003–15.7.2003

Angerechnet werden alle kurzfristig ausgeübten Beschäftigungen innerhalb dieses Zeitraums. Dabei spielt es keine Rolle, ob es sich um geringfügig entlohnte oder mehr als geringfügig entlohnte Beschäftigungen handelt. Entscheidend ist, dass es sich um – jeweils für sich betrachtet – kurzfristige Beschäftigungen handelt.

Beispiel:
Ein Arbeitnehmer übt vom 16.6.2003 bis zum 31.7.2003 eine Beschäftigung (5-Tage-Woche) befristet aus. Zuletzt hatte er vom 1.10.2002 bis 15.11.2002 eine kurzfristige Beschäftigung ausgeübt.
Der Beurteilungszeitraum für die aktuelle Beschäftigung verläuft vom 1.1.2003 bis zum 31.7.2003.
Innerhalb dieses Zeitraums wurde keine anzurechende Beschäftigung ausgeübt. Die Folge: Die Beschäftigung ist kurzfristig und damit sozialversicherungsfrei.

Der Arbeitgeber sollte sich vom Arbeitnehmer, bevor dieser eine befristete Beschäftigung aufnimmt, Dauer und Umfang vorangegangener Beschäftigungsverhältnisse schriftlich nachweisen lassen. Nur so ist es ihm möglich, eine korrekte sozialversicherungsrechtliche Beurteilung vorzunehmen. Sollten sich die gemachten Angaben später als falsch herausstellen und Versicherungspflicht eintreten, kann der Arbeitgeber ggf. den Arbeitnehmer-Beitragsanteil vom Arbeitnehmer einfordern.

Die versicherungsrechtliche Beurteilung wird im Übrigen immer vorausschauend für die gesamte Beschäftigungsdauer vorgenommen. Das gilt auch dann, wenn diese über den Jahreswechsel hinaus andauert und mit Beginn des neuen Kalenderjahres eigentlich ein neuer Beurteilungszeitraum beginnt. Eine Trennung der versicherungsrechtlichen Beurteilung nach Kalenderjahren wird also nicht vorgenommen.

Beispiel:
Ein Arbeitnehmer übt vom 1.12.2003 bis 31.1.2004 eine Beschäftigung befristet aus. Zuletzt verrichtete er eine kurzfristige Beschäftigung vom 1.7.2003 bis 31.8.2003.
Da im Kalenderjahr 2003 bereits Beschäftigungszeiten von zwei Monaten bzw. 50 Arbeitstagen vorliegen, besteht vom 1.12.2003 an Versicherungspflicht – und zwar bis zum geplanten Ende der Beschäftigung am 31.1.2004. Eine neue versicherungsrechtliche Beurteilung ist zum 1.1.2004 also nicht vorzunehmen.

Wenn die Beschäftigung verlängert wird

Wird die Beschäftigung – entgegen der ursprünglichen Planung – doch über zwei Monate oder 50 Arbeitstage hinaus verlängert, tritt vom Tag des Überschreitens an grundsätzlich Versicherungspflicht ein. Stellt sich jedoch schon im Laufe der Beschäftigung heraus, dass sie länger als zwei Monate bzw. 50 Arbeitstage dauern wird, tritt Versicherungspflicht bereits ab dem Tag ein, von dem an die Überschreitung erkennbar wird, also nicht erst nach Ablauf der zwei Monate bzw. 50 Arbeitstage. Für die Vergangenheit bleibt es aber bei der ursprünglich angenommenen Versicherungsfreiheit.

Beispiel:
Eine Beschäftigung ist ursprünglich vom 1.8.2003 bis zum 15.9.2003 befristet. Am 12.9.2003 wird eine Verlängerung der Beschäftigung bis zum 15.10.2003 vereinbart.
Die Beschäftigung ist vom 12.9.2003 an versicherungspflichtig, da bereits an dem Tag erkennbar ist, dass der Zeitraum von zwei Monaten bzw. 50 Arbeitstagen überschritten wird. Für die zurückliegende Zeit bleibt es bei der Versicherungsfreiheit.

Soweit das Arbeitsentgelt in diesen Fällen nicht mehr als 400,00 € monatlich beträgt, kommt ungeachtet der Tatsache, dass Geringfügigkeit wegen Kurzfristigkeit nicht mehr vorliegt, ggf. Versicherungsfreiheit als geringfügig entlohnte Beschäftigung in Betracht.

Wann wird von Berufsmäßigkeit ausgegangen?

Eine kurzfristige Beschäftigung erfüllt dann nicht mehr die Voraussetzungen der Versicherungsfreiheit, wenn die Beschäftigung

- berufsmäßig ausgeübt wird und
- das Arbeitsentgelt 400,00 € im Monat übersteigt.

Die Prüfung der Berufsmäßigkeit kann also von vornherein unterbleiben, wenn das regelmäßige monatliche Arbeitsentgelt nicht mehr als 400,00 € beträgt.

Grundsätzlich gilt: Berufsmäßigkeit liegt nicht vor, wenn die Beschäftigung für den Arbeitnehmer von untergeordneter wirtschaftlicher Bedeutung ist. Dies ist z. B. bei Beschäftigungen, die nur gelegentlich (z. B. zwischen Schulabschluss und Studium) oder von Personen ausgeübt werden, die bereits aus dem aktiven Erwerbsleben ausgeschieden sind (Hausfrauen/Hausmänner, Rentner). Im Übrigen werden auch kurzfristige Beschäftigungen, die neben einer Hauptbeschäftigung ausgeübt werden, grundsätzlich nicht berufsmäßig ausgeübt.

Legt ein Arbeitnehmer allerdings in dem jeweiligen Kalenderjahr Beschäftigungszeiten von insgesamt mehr als zwei Monaten oder 50 Arbeitstagen zurück, ist von Berufsmäßigkeit auszugehen. Angerechnet werden hierbei nicht nur Zeiten einer kurzfristigen Beschäftigung; berücksichtigt werden vielmehr alle Beschäftigungen mit einem monatlichen Arbeitsentgelt von mehr als 400,00 €. Dabei spielt es keine Rolle, ob es sich um befristete oder unbefristete Beschäftigungsverhältnisse handelte.

Berufsmäßigkeit liegt ohne weitere Prüfung bei Beschäftigungen von Personen vor, die Leistungen aus der Arbeitslosenversicherung erhalten; hierzu gehört der Bezug

- von Arbeitslosengeld,
- von Arbeitslosenhilfe und
- von Unterhaltsgeld.

Gleiches gilt auch für Beschäftigungen, die während der Elternzeit oder eines unbezahlten Urlaubs ausgeübt werden. Ferner ist von Berufsmäßigkeit auszugehen, wenn ein Arbeitnehmer, dessen Beschäftigung durch Wehr- oder Zivildienst unterbrochen wurde, während dieser Zeit eine befristete Beschäftigung ausübt. Dabei spielt es keine Rolle, ob die befristete Beschäftigung bei seinem bisherigen oder einem anderen Arbeitgeber ausgeübt wird.

Besondere Personengruppen

Bei bestimmten Personengruppen sind folgende Besonderheiten zu beachten:

Schüler

Schüler allgemein bildender Schulen können in den Schulferien eine versicherungsfreie kurzfristige Beschäftigung ausüben. Gleiches gilt für Beschäftigungen zwischen Schulentlassung und Aufnahme eines Studiums – auch wenn dies z. B. durch einen Wehr- oder Zivildienst hinausgeschoben wird.

Von Berufsmäßigkeit ist jedoch auszugehen, wenn die Beschäftigungen zwischen Schulentlassung und Aufnahme eines versicherungspflichtigen Beschäftigungs- bzw. Ausbildungsverhältnisses ausgeübt werden.

Studenten

Studenten, die während der Vorlesungszeit eine kurzfristige Beschäftigung ausüben, bleiben sozialversicherungsfrei. Allerdings ist die Prüfung der Berufsmäßigkeit in der Kranken-, Pflege- und Arbeitslosenversicherung nach anderen Kriterien zu prüfen als in der Rentenversicherung.

In der Kranken-, Pflege- und Arbeitslosenversicherung gilt: Ist der Student innerhalb eines Jahres (nicht Kalenderjahres) an insgesamt mehr als 26 Wochen Beschäftigungen mit einer wöchentlichen Arbeitszeit von mehr als 20 Stunden nachgegangen, gilt die Beschäftigung als berufsmäßig ausgeübt. Die Folge: In diesen Sozialversicherungszweigen besteht Versicherungspflicht.

Diese Besonderheiten gelten in der Rentenversicherung nicht. Hier beurteilt sich die Berufsmäßigkeit nach den allgemeinen Kriterien. Es kommt also auch bei den von Studenten ausgeübten Beschäftigungen darauf an, ob der Zeitraum von zwei Monaten bzw. 50 Arbeitstagen innerhalb des jeweiligen Kalenderjahres überschritten wird.

■ *Damit eine vom Arbeitgeber vorgenommene Entscheidung nachvollziehbar bleibt, sollte der Arbeitgeber entsprechende Schul- oder Studienbescheinigungen zu seinen Lohnunterlagen nehmen.* ■

Rentner und Hausfrauen bzw. Hausmänner

Eine Besonderheit bei der Beurteilung, ob Berufsmäßigkeit vorliegt, ergibt sich bei Rentnern sowie bei Hausfrauen bzw. Hausmännern. Wurde die Erwerbstätigkeit aufgegeben, werden die Beschäftigungszeiten bis zum Ausscheiden aus dem Erwerbsleben bei der Berufsmäßigkeit nicht berücksichtigt.

Was müssen Sie bei Rahmenarbeitsverträgen beachten?

In der betrieblichen Praxis nehmen die sog. Rahmenarbeitsverträge insbesondere beim Einsatz von Aushilfskräften einen immer breiteren Raum ein. Hierbei ist zu berücksichtigen, dass Versicherungsfreiheit wegen Kurzfristigkeit ausscheidet, wenn die Beschäftigung regelmäßig ausgeübt wird.

Regelmäßig ist eine Beschäftigung dann, wenn sie auf ständige Wiederholung ausgerichtet ist und über einen längeren Zeitraum ausgeübt werden soll.

Bei Rahmenarbeitsverträgen ist dies dann der Fall, wenn sie für einen Zeitraum von mehr als einem Jahr vereinbart werden. Dies gilt im Übrigen auch dann, wenn dabei nicht mehr als 50 Arbeitstage vereinbart werden.

Werden ein Rahmenarbeitsvertrag auf ein Jahr und die Arbeitseinsätze auf 50 Arbeitstage begrenzt, liegt zunächst eine kurzfristige Beschäftigung vor. Wird der Rahmenarbeitsvertrag jedoch über die Dauer von einem Jahr hinaus verlängert, liegt vom Zeitpunkt der Vereinbarung an eine regelmäßige Beschäftigung vor – die Kurzfristigkeit und damit die Sozialversicherungsfreiheit entfällt also ab dem Zeitpunkt der Verlängerung.

Schließt sich an einen zunächst auf ein Jahr befristeten Rahmenarbeitsvertrag nach dessen Ende unmittelbar ein weiterer Rahmenarbeitsvertrag beim gleichen Arbeitgeber an, ist ebenfalls von einer regelmäßigen Beschäftigung vom Beginn des neuen Rahmenarbeitsvertrags auszugehen. Dies gilt nur dann nicht, wenn zwischen dem Ende des bisherigen und dem Beginn des neuen Rahmenarbeitsvertrags ein Zeitraum von mindestens zwei Monaten liegt.

Wie Sie geringfügig Beschäftigte melden

Ab 1.4.2003 werden die Meldungen für geringfügig Beschäftigte zentral von der Bundesknappschaft entgegengenommen. Doch was geschieht beispielsweise, wenn ein bereits bestehender Arbeitsvertrag über diesen Zeitpunkt hinaus gilt? Und wie läuft die Meldung überhaupt ab?

Was müssen Sie allgemein beachten?

Für geringfügig Beschäftigte (mit Ausnahme der Beschäftigten in Privathaushalten) gelten die gleichen Grundsätze im Meldeverfahren wie für versicherungspflichtige Arbeitnehmer. So sind – wie üblich – Anmeldungen, Abmeldungen, Veränderungsmeldungen usw. vom Arbeitgeber zu erstatten. Besonderheiten gelten allerdings für kurzfristig Beschäftigte:

- Für kurzfristig Beschäftigte muss der Arbeitgeber keine Jahres- und Unterbrechungsmeldungen abgeben.
- Darüber hinaus muss er in den Abmeldungen für kurzfristig Beschäftigte das Entgelt nicht angeben. Das in den Meldungen hierfür vorgesehene Feld (beitragspflichtiges Bruttoarbeitsentgelt) füllt er mit „000000" aus.

Der Beitragsgruppenschlüssel

In den Meldungen zur Sozialversicherung ist stets der sog. Beitragsgruppenschlüssel mit anzugeben. Mit ihm wird insbesondere die sozialversicherungsrechtliche Entscheidung (Versicherungspflicht bzw. -freiheit) dokumentiert.

Für geringfügig entlohnte Beschäftigte gelten folgende besondere Beitragsgruppenschlüssel:

- Krankenversicherung:
  Beitragsgruppe 6 = Pauschaler Beitrag zur Krankenversicherung ist zu entrichten.

- Rentenversicherung:
  - Beitragsgruppe 5 = Pauschaler Beitrag zur Rentenversicherung der Arbeiter ist zu entrichten.
  - Beitragsgruppe 6 = Pauschaler Beitrag zur Rentenversicherung der Angestellten ist zu entrichten.

  Der geringfügig entlohnte Beschäftigte hat die Möglichkeit, auf die Versicherungsfreiheit in der Rentenversicherung zu verzichten. Er muss diesen Verzicht gegenüber dem Arbeitgeber erklären. In diesem Fall gibt der Arbeitgeber die Beitragsgruppe mit dem Schlüssel 1 (voller Beitrag zur Rentenversicherung der Arbeiter) bzw. 2 (voller Beitrag zur Rentenversicherung der Angestellten) an.
- In den Meldungen für kurzfristig Beschäftigte sind die Beitragsgruppen mit „0" anzugeben.

Der Personengruppenschlüssel

Der Personengruppenschlüssel zeigt der Sozialversicherung die sozialversicherungsrechtlichen Besonderheiten eines Beschäftigten an. Bei den geringfügig Beschäftigten müssen Sie hierbei zwischen geringfügig entlohnten und kurzfristigen Beschäftigungen unterscheiden. Es gelten folgende Schlüssel:

- Schlüssel 109 = geringfügig entlohnte Beschäftigung
- Schlüssel 110 = kurzfristige Beschäftigung

Im Übrigen ist der Schlüssel 109 ist auch dann zu verwenden, wenn der geringfügig entlohnte Beschäftigte den Verzicht auf die Rentenversicherungsfreiheit erklärt hat.

Wer nimmt die Meldungen an?

Grundsätzlich müssen Sie die Meldungen zur Sozialversicherung gegenüber der Einzugsstelle abgeben. Dabei handelt es sich regelmäßig um die Krankenkasse, bei der der Arbeitnehmer versichert ist.

Vom 1.4.2003 an müssen Sie jedoch die Meldungen für geringfügig Beschäftigte für Zeiträume ab 1.4.2003 ausschließlich an die Bundesknappschaft erstatten.

▪ *Dabei spielt es keine Rolle, ob es sich um eine geringfügig entlohnte oder um eine kurzfristige Beschäftigung handelt.* ▪

Etwaige Überschneidungen von mehreren Beschäftigungen stellt die Bundesknappschaft zentral fest. Soweit eine Beschäftigung daraufhin versicherungspflichtig wird (z. B. weil die Geringfügigkeitsgrenze bei Mehrfachbeschäftigung überschritten wird), erhält der Arbeitgeber unmittelbar eine entsprechende Mitteilung. Der Arbeitgeber muss die Meldungen dann entsprechend korrigieren und an die zuständige Krankenkasse, nicht an die Bundesknappschaft, erneut absetzen.

Für Beschäftigungen, die bereits vor dem 31.3.2003 begonnen haben und darüber hinaus andauern, braucht der Arbeitgeber wegen der veränderten Zuständigkeit übrigens keine gesonderten Meldungen zu erstatten. Die Sozialversicherung wird den Bestand der geringfügig Beschäftigten untereinander austauschen.

Beschäftigungszeiten, die ausschließlich den Zeitraum bis 31.3.2003 betreffen, sind allerdings weiterhin der zuständigen Krankenkasse und nicht der Bundesknappschaft zu melden. Regelmäßig wird dies z. B. bei nachträglichen Meldungen oder Korrekturen der Fall sein.

Meldeverfahren und Beitragseinzug für Beschäftigte im Privathaushalt

Hinsichtlich der Meldungen für geringfügig Beschäftigte im Privathaushalt gilt ein vereinfachtes Meldeverfahren, das so genannte Haushaltsscheckverfahren. Hier sind nur reduzierte Angaben zum Beschäftigungsverhältnis nötig. Zu melden sind lediglich

- der Beginn der Beschäftigung,
- das gezahlte Arbeitsentgelt sowie
- bei einer Beendigung das Ende der Beschäftigung.

Grundsätzlich muss der private Arbeitgeber bei jeder Entgeltzahlung einen Haushaltsscheck ausstellen. Wird das Arbeitsentgelt immer in gleicher Höhe gezahlt, kann er den Haushaltsscheck auch als Dauerscheck ausstellen.

Der Haushaltsscheck muss immer vom Privathaushalt ausgefüllt werden. Sowohl der Arbeitnehmer als auch der Arbeitgeber (Privathaushalt) müssen den Haushaltsscheck unterschreiben. Er wird wie die anderen Meldungen für geringfügig Beschäftigte auch zentral bei der Bundesknappschaft eingereicht. Diese berechnet dann anhand des angegebenen Arbeitsentgelts die Pauschalbeiträge und -steuern und zieht diese vom Privathaushalt ein.

Die Haushaltsscheckformulare stellt Ihnen die Bundesknappschaft zur Verfügung oder Sie rufen sie im Internet unter www.haushaltsscheck.de ab.

▪ *Die Arbeitnehmer erhalten von den an die Bundesknappschaft abgegebenen Haushaltsschecks immer eine Durchschrift.* ▪

Wenn der Mini-Job ein wenig größer wird

Wenn sein Arbeitsentgelt regelmäßig knapp über 400,00 € liegt, muss ein Arbeitnehmer dann die üblichen Sozialabgaben zahlen? Nein. Ab 1.4.2003 gilt für Arbeitsentgelte zwischen 400,01 € und 800,00 € die so genannte Gleitzonenregelung.

Neu: die Gleitzonenregelung

Im Zusammenhang mit der Anhebung der Arbeitsentgeltgrenze für geringfügige Beschäftigungen wurde mit dem Zweiten Gesetz für moderne Dienstleistungen am Arbeitsmarkt vom 23.12.2002 eine sog. Gleitzonenregelung für den Niedriglohnbereich eingeführt.

Während ab 1.4.2003 geringfügige Beschäftigungen mit einem Arbeitsentgelt bis zu 400,00 € im Monat versicherungsfrei bleiben, sind Beschäftigungen mit einem monatlichen Arbeitsentgelt in der sich anschließenden Gleitzone von 400,01 € bis 800,00 € zwar versicherungspflichtig, allerdings muss der Arbeitnehmer nur einen reduzierten Beitragsanteil zur Sozialversicherung zahlen – von ca. vier Prozent bei 400,01 € auf den vollen Arbeitnehmerbeitrag von ca. 21 Prozent bei 800,00 € progressiv ansteigend. Der Arbeitgeberbeitrag bleibt unverändert.

Innerhalb dieser Gleitzone wird also die sonst übliche hälftige Beitragslastverteilung zwischen Arbeitgeber und Arbeitnehmer aufgehoben. Das Verhältnis des Arbeitnehmer-Beitragsanteils steigt mit der Höhe des Arbeitsentgelts langsam zu dem vom Arbeitgeber zu tragenden Beitragsanteil an.

■ *Für den Arbeitgeber ergibt sich dadurch keine Mehrbelastung.* ■

Ziel der neuen Gleitzone ist insbesondere, die sog. Niedriglohnschwelle zu beseitigen, die in Beschäftigungsverhältnissen bei Überschreiten der Geringfügigkeitsgrenze zu einem Anstieg der Sozialversicherungsbeiträge von 22 auf über 40 Prozent führte.

Welche Voraussetzungen gelten?

Voraussetzung für die Anwendung der Gleitzonenregelung ab 1.4.2003 ist, dass der Arbeitnehmer

- in der Beschäftigung versicherungspflichtig ist und
- ein Arbeitsentgelt von insgesamt regelmäßig 400,01 € bis 800,00 € erhält.

Die Gleitzonenregelung gilt ausdrücklich nicht, wenn der Arbeitnehmer die jeweilige Beschäftigung im Rahmen seiner Berufsausbildung ausübt. Die sonst übliche Beitragstragung – insbesondere bei Auszubildenden – bleibt also von den Neuregelungen insoweit unberührt.

Regelmäßigkeit des Entgelts

Bei der Frage, ob das Arbeitsentgelt innerhalb der Gleitzone liegt, kommt es auf die Regelmäßigkeit an. Soweit ein monatlich gleich bleibendes Arbeitsentgelt gezahlt wird, dürfte die Prüfung grundsätzlich keine Probleme bereiten. Beachten Sie jedoch, dass Sie Sonderzahlungen wie z. B. Urlaubs- oder Weihnachtsgeld bei der Ermittlung des regelmäßigen monatlichen Arbeitsentgelts einbeziehen müssen. Zu berücksichtigen sind hierbei Sonderzahlungen, auf die der Arbeitnehmer einen Rechtsanspruch hat (z. B. durch einen Tarifvertrag oder eine Betriebsvereinbarung) oder die mit hinreichender Sicherheit mindestens einmal jährlich gezahlt werden.

Beispiel:
Ein Arbeitnehmer erhält ein monatlich gleich bleibendes Arbeitsentgelt in Höhe von 600,00 €. Darüber hinaus bekommt er laut Arbeitsvertrag im Dezember ein Weihnachtsgeld von 300,00 € gezahlt.

Berechnung:

12 × 600,00 €	= 7.200,00 €
1 × 300,00 €	= 300,00 €
Gesamt	= 7.500,00 €

Das regelmäßige monatliche Arbeitsentgelt beträgt (7.500,00 € : 12 =) 625,00 €. Die Regelungen zur Gleitzone finden somit Anwendung.

Seit 1.1.2003 sind Einmalzahlungen nur dann beitragspflichtig, wenn sie auch tatsächlich gezahlt werden. Hat ein Arbeitnehmer auf die ihm eigentlich zustehende Einmalzahlung schriftlich verzichtet, ist sie – ungeachtet der arbeitsrechtlichen Zulässigkeit dieses Verzichts – bei der vorausschauenden Durchschnittsberechnung nicht zu berücksichtigen. Die Verzichtserklärung des Arbeitnehmers sollte der Arbeitgeber übrigens zu seinen Lohnunterlagen nehmen.

Beispiel:
Ein Arbeitnehmer erhält ein monatlich gleich bleibendes Arbeitsentgelt in Höhe von 750,00 €. Darüber hinaus ist laut Tarifvertrag im Juni ein Urlaubsgeld in Höhe von 250,00 € und im Dezember ein Weihnachtsgeld von 450,00 € zu gewähren. Aus betrieblichen Gründen hat der Arbeitnehmer bereits im Vorfeld auf das ihm eigentlich zustehende Weihnachtsgeld im Dezember verzichtet; es ist somit bei der Berechnung des regelmäßigen Arbeitsentgelts nicht zu berücksichtigen.

Berechnung:

12 × 750,00 €	= 9.000,00 €
1 × 250,00 €	= 250,00 €
Gesamt	= 9.250,00 €

Das regelmäßige monatliche Arbeitsentgelt beträgt (9.250,00 € : 12 =) 770,83 €. Die Regelungen zur Gleitzone finden somit Anwendung.

Steht die Höhe des regelmäßigen Arbeitsentgelts nicht fest, ist es ggf. im Wege einer Schätzung oder Durchschnittsberechnung zu ermitteln; Sonderzahlungen wie z. B. Urlaubs- oder Weihnachtsgeld sind auch hier entsprechend zu berücksichtigen.

Schwieriger wird es, wenn das Arbeitsentgelt von Monat zu Monat schwankt – z. B. wegen unterschiedlicher Auftragslage. In diesen Fällen müssen Sie das Arbeitsentgelt ggf. zukunftsbezogen schätzen. Hier kann auch ein Vergleich mit ähnlichen Arbeitsverhältnissen im Betrieb hilfreich sein.

Sollte sich im Nachhinein herausstellen, dass die ursprüngliche Schätzung nicht mit den tatsächlichen Gegebenheiten übereinstimmt, müssen Sie die Entscheidung über die Anwendbarkeit der Gleitzone natürlich korrigieren. Für die Vergangenheit bleibt es aber bei der ursprünglichen Feststellung – Korrekturen werden also immer nur für die Zukunft vorgenommen.

Steht die Höhe der schwankenden Arbeitsentgelte – zumindest annähernd – hingegen schon von vornherein fest (z. B. bei Saisonkräften), ist anstelle der Schätzung eine Durchschnittsberechnung vorzunehmen.

Beispiel:
Ein Arbeitnehmer erzielt in einem Dauerarbeitsverhältnis in den Monaten Mai bis September jeweils 900,00 € und in den Monaten Oktober bis April jeweils 600,00 €.

Berechnung:

5 × 900,00 €	= 4.500,00 €
7 × 600,00 €	= 4.200,00 €
Gesamt	= 8.700,00 €

Das regelmäßige monatliche Arbeitsentgelt beträgt (8.700,00 € : 12 =) 725,00 €. Die Regelungen zur Gleitzone finden somit Anwendung.

Übrigens: Steuerfreie Aufwandsentschädigungen gehören nicht zum Arbeitsentgelt in der Sozialversicherung. So sind z. B. die steuerfreien Einnahmen

- aus nebenberuflicher Tätigkeit als Übungsleiter, Ausbilder, Erzieher, Betreuer oder vergleichbaren nebenberuflichen Tätigkeiten,
- aus nebenberuflichen künstlerischen Tätigkeiten oder
- für die Pflege alter, kranker oder behinderter Menschen

bis zur Höhe von 1.848,00 € bei der Ermittlung des regelmäßigen Arbeitsentgelts außer Acht zu lassen.

Die Gleitzonenregelung ist nicht anzuwenden, wenn lediglich Teilarbeitsentgelte, z. B. bei Beginn oder Ende einer Beschäftigung im Laufe eines Kalendermonats oder bei Wegfall der Entgeltfortzahlung wegen Arbeitsunfähigkeit im Laufe eines Kalendermonats, gezahlt werden.

Wenn ein Arbeitnehmer mehrere Beschäftigungen ausübt

Ein Beschäftigungsverhältnis in der Gleitzone liegt grundsätzlich vor, wenn das aus der Beschäftigung erzielte Arbeitsentgelt in dem Entgeltkorridor von 400,01 bis 800,00 € monatlich liegt und die Grenze von 800,00 € im Monat regelmäßig nicht überschreitet.

Übt ein Arbeitnehmer mehrere Beschäftigungen aus, gelten die besonderen Regelungen zur Gleitzone, wenn das insgesamt erzielte Arbeitsentgelt innerhalb der Gleitzone liegt. Hierbei werden allerdings nur Arbeitsentgelte aus versicherungspflichtigen Beschäftigungen berücksichtigt. Unberücksichtigt bleiben also z. B. Arbeitsentgelte aus versicherungsfreien geringfügig entlohnten Beschäftigungsverhältnissen und aus Beamtenbeschäftigungen.

Beispiel 1:
Ein Arbeitnehmer ist bei Arbeitgeber A gegen ein monatliches Arbeitsentgelt von regelmäßig 350,00 € und bei Arbeitgeber B gegen ein monatliches Arbeitsentgelt von regelmäßig 250,00 € beschäftigt.
Beide Beschäftigungen sind zwar für sich betrachtet geringfügig entlohnt. Jedoch besteht aufgrund der Zusammenrechnung der Arbeitsentgelte in beiden Beschäftigungsverhältnissen Versicherungspflicht. Die Summe der Arbeitsentgelte in Höhe von 600,00 € liegt innerhalb der Gleitzone – die besonderen Regelungen der Gleitzone sind somit in beiden Beschäftigungen anzuwenden.

Beispiel 2:
Ein Arbeitnehmer ist bei Arbeitgeber A gegen ein monatliches Arbeitsentgelt von regelmäßig 450,00 € und bei Arbeitgeber B gegen ein monatliches Arbeitsentgelt von regelmäßig 600,00 € beschäftigt.

Beide Beschäftigungen werden mehr als geringfügig entlohnt ausgeübt und unterliegen somit der Versicherungspflicht. Zwar liegen die einzelnen Arbeitsentgelte jeweils innerhalb der Gleitzone; aufgrund der Zusammenrechnung ergibt sich jedoch ein Gesamtarbeitsentgelt von 1.050,00 €. Die Regelungen der Gleitzone sind somit für beide Beschäftigungsverhältnisse nicht anzuwenden.

Beachten Sie bei der Zusammenrechnung der Arbeitsentgelte aus mehreren Beschäftigungen, dass eine „erste" geringfügige Nebenbeschäftigung versicherungsfrei bleibt, soweit sie neben einer bereits versicherungspflichtigen Hauptbeschäftigung ausgeübt wird. Aufgrund des fortbestehenden Charakters der „ersten" Nebenbeschäftigung als geringfügige Beschäftigung ist diese nicht bei der Zusammenrechnung zu berücksichtigen.

Beispiel:

Ein Arbeitnehmer ist bei Arbeitgeber A gegen ein monatliches Arbeitsentgelt von regelmäßig 650,00 € und bei Arbeitgeber B gegen ein monatliches Arbeitsentgelt von regelmäßig 300,00 € beschäftigt.
Die Beschäftigung bei Arbeitgeber A unterliegt der Sozialversicherungspflicht. Die Beschäftigung bei Arbeitgeber B gilt als „erste" geringfügig entlohnte Nebentätigkeit und bleibt somit in allen Zweigen der Sozialversicherung versicherungsfrei. Eine Zusammenrechnung der Arbeitsentgelte findet nicht statt. Für die Beitragsberechnung bei Arbeitgeber A sind somit die Gleitzonenregelungen anzuwenden.

Da in den einzelnen Zweigen der Sozialversicherung zum Teil unterschiedliche Regeln der Zusammenrechnung bestehen, kann es vorkommen, dass die Gleitzonenregelungen in einem Sozialversicherungszweig anzuwenden sind, in einem anderen aber nicht.

Beispiel:
Ein Arbeitnehmer übt eine sozialversicherungspflichtige Hauptbeschäftigung bei Arbeitgeber A gegen ein monatliches Arbeitsentgelt in Höhe von 500,00 € aus. Daneben hat er folgende Nebenbeschäftigungen:

bei Arbeitgeber B gegen ein monatliches Arbeitsentgelt von 400,00 €,
bei Arbeitgeber C gegen ein monatliches Arbeitsentgelt von 350,00 €.

Die Beschäftigungen bei den Arbeitgebern A und C unterliegen der Kranken-, Pflege- und Rentenversicherungspflicht; die Beschäftigung bei Arbeitgeber B bleibt als geringfügig entlohnte Beschäftigung insoweit versicherungsfrei. Die addierten Arbeitsentgelte aus den Beschäftigungen bei den Arbeitgebern A und C übersteigen die Grenze von 800,00 € – die Gleitzonenregelungen sind deshalb nicht anzuwenden.
In der Arbeitslosenversicherung bleiben die Beschäftigungen bei den Arbeitgebern B und C wegen Geringfügigkeit versicherungsfrei, eine Zusammenrechnung mit der Hauptbeschäftigung beim Arbeitgeber A findet nicht statt. Da das Arbeitsentgelt aus der Beschäftigung beim Arbeitgeber A innerhalb der Gleitzone liegt, sind für den Bereich der Arbeitslosenversicherung die Gleitzonenregelungen anzuwenden.

Wie werden die Beiträge berechnet?

Für die Beitragsberechnung und -tragung bei Beschäftigungen mit einem regelmäßigen monatlichen (Gesamt-)Arbeitsentgelt innerhalb der Gleitzone gelten in der Kranken-, Pflege-, Renten- und Arbeitslosenversicherung besondere Regelungen. Im Ergebnis haben die Arbeitgeber weiterhin ihren „vollen" Beitragsanteil zu den einzelnen Versicherungszweigen zu zahlen. Die Arbeitnehmer zahlen jedoch nur einen reduzierten Beitragsanteil, der am Beginn der Gleitzone bei 400,01 € ca. vier Prozent des tatsächlichen Arbeitsentgelts beträgt und bis zum Ende der Gleitzone bei 800,00 € auf den vollen Beitragsanteil (ca. 21 Prozent des tatsächlichen Arbeitsentgelts) progressiv ansteigt.

Der geringere Arbeitnehmeranteil ergibt sich durch die der Beitragsberechnung zugrunde zu legende reduzierte beitragspflichtige Einnahme (Beitragsbemessungsgrundlage) und die besondere Regelung über die Beitragstragung.

Wie Sie das beitragspflichtige Entgelt ermitteln

Wie gesagt: Sinn und Zweck der Gleitzone ist es, den Arbeitnehmer-Beitragsanteil langsam ansteigen zu lassen. Zu diesem Zweck wird zunächst eine fiktive Beitragsbemessungsgrundlage ermittelt. Hierfür dient folgende Formel:

$F \times 400 + (2 - F) \times (\text{Arbeitsentgelt} - 400)$

Der Faktor F ist fix und wird jedes Jahr neu angepasst; im Kalenderjahr 2003 beträgt er 0,5995.

Die Formel für die Reduzierung der beitragspflichtigen Einnahme ist übrigens immer anzuwenden, unabhängig davon, ob der Arbeitnehmer in allen Zweigen der Sozialversicherung versicherungspflichtig ist oder nicht. Besteht in einem Sozialversicherungszweig aufgrund dort bestehender Sonderregelungen Versicherungsfreiheit (z. B. bei über 55-Jährigen in der Krankenversicherung), sind insoweit keine Beiträge zu entrichten. In den übrigen Sozialversicherungszweigen finden die Gleitzonenregelungen gleichwohl Anwendung.
Von der auf diese Weise ermittelten Beitragsbemessungsgrundlage ermitteln Sie zunächst die vollen Beiträge je Ver-

sicherungszweig. Hierzu multiplizieren Sie die Bemessungsgrundlage mit dem halben Beitragssatz des jeweiligen Sozialversicherungszweigs und verdoppeln dann dieses Produkt. Im nächsten Schritt ermitteln Sie den Arbeitgeber-Beitragsanteil. Dieser berechnet sich jedoch nicht aus dem fiktiven, sondern aus dem tatsächlichen Arbeitsentgelt.

Der Arbeitnehmer-Beitragsanteil ergibt sich durch folgende Rechnung:

Gesamtsozialversicherungsbeitrag auf Basis der reduzierten beitragspflichtigen Einnahme

./. Arbeitgeberbeitragsanteil auf Basis des tatsächlichen Arbeitsentgelts

= Arbeitnehmer-Beitragsanteil.

Diese Berechnung müssen Sie für jeden einzelnen Sozialversicherungszweig durchführen.

Beispiel:

Ein Arbeitnehmer erzielt ein regelmäßiges monatliches Arbeitsentgelt in Höhe von 600,00 €. Der Arbeitnehmer ist Mitglied einer Krankenkasse mit einem (angenommenen) Beitragssatz von 14,0 Prozent.
Ergebnis: Die Beitragsbemessungsgrundlage für den Arbeitnehmer errechnet sich wie folgt:
0,5995 × 400 + [(2 – 0,5995) × (600,00 € – 400)] = 519,90 €.

Berechnung der Krankenversicherungsbeiträge:
Arbeitgeber-Beitragsanteil:
600,00 € × 7,0 % = 42,00 €
Arbeitnehmer-Beitragsanteil:
519,90 € × 7,0 % × 2 = 72,78 €
72,78 € – 42,00 € = 30,78 €
Gesamtbeitrag zur KV (42,00 € + 30,78 €) = 72,78 €

Berechnung der Rentenversicherungsbeiträge:
Arbeitgeber-Beitragsanteil:
600,00 € × 9,75 % = 58,50 €
Arbeitnehmer-Beitragsanteil:
519,90 € × 9,75 % × 2 = 101,38 €
101,38 € – 58,50 € = 42,88 €
Gesamtbeitrag zur RV (58,50 € + 42,88 €) =101,38 €

Berechnung der Arbeitslosenversicherungsbeiträge:
Arbeitgeber-Beitragsanteil:
600,00 € × 3,25 % = 19,50 €
Arbeitnehmer-Beitragsanteil:
519,90 € × 3,25 % × 2 = 33,80 €
33,80 € – 19,50 € = 14,30 €
Gesamtbeitrag zur ALV (19,50 € + 14,30 €) = 33,80 €

Berechnung der Pflegeversicherungsbeiträge:
Arbeitgeber-Beitragsanteil:
600,00 € × 0,85 % = 5,10 €
Arbeitnehmer-Beitragsanteil:
519,90 € × 0,85 % × 2 = 8,84 €
8,84 € – 5,10 € = 3,74 €
Gesamtbeitrag zur PV (5,10 € + 3,74 €) = 8,84 €

▪ *Die Gleitzonenregelung gilt nicht für versicherungsfreie Beschäftigungen (z. B. 400 €-Jobs). Dies gilt auch dann, wenn der Arbeitnehmer in einzelnen Monaten ein höheres Arbeitsentgelt als 400,00 € – z. B. bei schwankendem Arbeitsentgelt - erzielt.* ▪

Bei schwankenden Arbeitsentgelten kann es vorkommen, dass zwar das ermittelte regelmäßige Arbeitsentgelt innerhalb der Gleitzone liegt, jedoch in einzelnen Monaten das erzielte Arbeitsentgelt die Grenzen der Gleitzone über- oder unterschreitet. In diesem Fall gilt:

- Übersteigt das Arbeitsentgelt die obere Grenze von 800,00 €, gelten keine Besonderheiten. Die Beiträge sind

– wie üblich – je zur Hälfte von Arbeitgeber und Arbeitnehmer zu tragen.

- Wird ein Arbeitsentgelt von unter 400,01 € erzielt, ist ein fiktives Arbeitsentgelt nach folgender Rechnung zu ermitteln (2003 beträgt F: 0,5995):

  Tatsächliches Arbeitsentgelt × F = beitragspflichtige Einnahme.

  Auf der Basis des so ermittelten Betrags ist – wie oben beschrieben – die Summe der Arbeitgeber- und Arbeitnehmer-Beitragsanteile je Versicherungszweig zu ermitteln.

Beispiel:
Ein Arbeitnehmer hat ein regelmäßiges monatliches Arbeitsentgelt in Höhe von 500,00 €. Aufgrund von Arbeitsschwankungen erzielt er im Monat Mai 2003 lediglich ein Arbeitsentgelt in Höhe von 350,00 €. Das beitragspflichtige Arbeitsentgelt wird für den Monat Mai wie folgt ermittelt:

350,00 € × 0,5995 = 209,83 €

Auch in diesem Fall wird der Arbeitgeber-Beitragsanteil vom tatsächlichen Arbeitsentgelt (hier: 350,00 €) berechnet. Der Arbeitnehmer-Beitragsanteil wird aus dem fiktiven Arbeitsentgelt in Höhe von 209,83 € berechnet.

Wenn das Entgelt nur für einen Teilmonat erzielt wird

Wird Arbeitsentgelt nur für einen Teilmonat erzielt, ist – ausgehend von der monatlichen beitragspflichtigen Einnahme – das anteilige beitragspflichtige Arbeitsentgelt zu errechnen. Zu diesem Zweck rechnen Sie das Teilarbeitsentgelt zunächst auf einen Monat hoch. Erst dann können Sie das fiktive Arbeitsentgelt anhand der o. g. Berechnungsformel ermitteln. Dieses fiktive Monatsentgelt rechnen Sie dann wieder auf die tatsächliche Anzahl der Arbeitstage herunter.

Beispiel:
Ein Arbeitnehmer nimmt am 21.6.2003 eine Beschäftigung auf. Das vereinbarte monatliche Arbeitsentgelt beträgt 600,00 €. Für den Teilmonat Juni 2003 (10 Beschäftigungstage) wird ein Arbeitsentgelt von 200,00 € gezahlt.
In die Formel wird zunächst das „volle" Monatsentgelt in Höhe von 600,00 € eingestellt. Daraus ergibt sich ein fiktives Arbeitsentgelt von 519,90 €. Dieses fiktive Monatsentgelt wird nun wieder auf zehn Beschäftigungstage herruntergerechnet. Es ergibt sich eine Beitragsbemessungsgrundlage von (519,90 € : 30 × 10 =) 173,00 €.

Was geschieht bei mehreren Beschäftigungen?

Die Gleitzonenregelung findet immer dann Anwendung, wenn das Arbeitsentgelt innerhalb der Spanne von 400,01 € bis 800,00 € liegt. Mehrere Beschäftigungen werden dabei zusammengerechnet. Keine Berücksichtigung finden allerdings Arbeitsentgelte aus versicherungsfreien, z. B. geringfügig entlohnten, Beschäftigungen.
Übt der Arbeitnehmer mehrere Beschäftigungen aus, kann die Gleitzonenregelung auch dann Anwendung finden, wenn die einzelnen Arbeitsentgelte zwar unter der Grenze von 400,01 €, jedoch insgesamt innerhalb der Gleitzone liegen.

Beispiel:

Ein Arbeitnehmer übt folgende Beschäftigungen aus:

bei Arbeitgeber A gegen ein monatliches Arbeitsentgelt von 350,00 €,
bei Arbeitgeber B gegen ein monatliches Arbeitsentgelt von 370,00 €.

Die Beschäftigungen sind beide aufgrund der Zusammenrechnung nicht geringfügig entlohnt und somit versicherungspflichtig (siehe Seite 11 ff.). Da die Summe der Arbeitsentgelte (720,00 €) innerhalb der Gleitzone liegt, ist die besondere Beitragsberechnung anzuwenden.

Allerdings ist in diesen Fällen eine erweiterte Formel zur Ermittlung der beitragspflichtigen Arbeitsentgelte anzuwenden. Sie lautet:
[F × 400 + (2 – F) × (GAE – 400)] × (EAE : GAE)
Dabei ist F = 0,5995, GAE = Gesamt-Arbeitsentgelt, EAE = Einzel-Arbeitsentgelt.

Für Arbeitgeber A ergibt sich das Fiktiv-Arbeitsentgelt nach folgender Berechnung:
[0,5995 × 400 + (2 – 0,5995) × (720,00 € – 400)] × (350 : 720)
Das beitragspflichtige Arbeitsentgelt beträgt 334,43 €.

Berechnung der Krankenversicherungsbeiträge aus Beschäftigung A:
(angenommener Beitragssatz von 14,0 %)

Arbeitgeber-Beitragsanteil:	
350,00 € × 7,0 %	= 24,50 €
Arbeitnehmer-Beitragsanteil:	
334,43 € × 7,0 % × 2 = 46,82 €	
46,82 € – 24,50 €	= 22,32 €
Gesamtbeitrag zur KV (24,50 € + 22,32 €)	= 46,82 €

Für Arbeitgeber B ergibt sich das Fiktiv-Arbeitsentgelt nach folgender Berechnung:
[0,5995 × 400 + (2 – 0,5995) × (720,00 € – 400)] × (370 : 720)
Das beitragspflichtige Arbeitsentgelt beträgt 353,54 €.

Berechnung der Krankenversicherungsbeiträge aus Beschäftigung B:
(angenommener Beitragssatz von 14,0 %)

Arbeitgeber-Beitragsanteil:	
370,00 € × 7,0 %	= 25,90 €
Arbeitnehmer-Beitragsanteil:	
353,54 € × 7,0 % × 2 = 49,50 €	
49,50 € – 25,90 €	= 23,60 €
Gesamtbeitrag zur KV (25,90 € + 23,60 €)	= 49,50 €

Entsprechend sind die Beiträge zur Pflege-, Renten- und Arbeitslosenversicherung zu berechnen.

Besonderheit in der Rentenversicherung

Arbeitnehmer, bei denen die Gleitzone Anwendung findet, können beantragen, dass die Beiträge zur Rentenversicherung aus dem vollen Arbeitsentgelt errechnet werden. In diesem Fall ist für die Beiträge zur Rentenversicherung das tatsächliche Arbeitsentgelt zu berücksichtigen – die Berechnung des fiktiven Arbeitsentgelts entfällt insoweit. Durch den Verzicht auf die Anwendung der besonderen Regelungen zur Gleitzone vermeiden Arbeitnehmer die für sie damit verbundenen Nachteile (insbesondere die spätere geringere Rentenzahlung).

Der Arbeitnehmer erklärt diesen Verzicht gegenüber seinem Arbeitgeber. Er kann ihn nur für zukünftige Beitragsberechnungen und – soweit mehrere Beschäftigungsverhältnisse bestehen – einheitlich für alle Arbeitsverhältnisse abgeben. Der Verzicht wirkt vom Beginn der Beschäftigung an, wenn der Arbeitnehmer ihn innerhalb von zwei Wochen nach Aufnahme der Beschäftigung erklärt, ansonsten vom Tag nach Eingang der Erklärung beim Arbeitgeber an. Der Arbeitnehmer kann allerdings auch einen späteren Zeitpunkt bestimmen.

Die Erklärung bleibt für die Dauer der Beschäftigungen bindend. Der Arbeitgeber hat die Erklärung zu seinen Lohnunterlagen zu nehmen.

Wie erfolgen die Meldungen?

Wegen der Anwendung der besonderen Regelungen der Gleitzone muss der Arbeitgeber keine besondere Meldung an die Krankenkasse abgeben. Erhöhungen oder Minderungen des Arbeitsentgelts mit der Folge des Ein- oder Austritts in die Gleitzone muss er also nicht melden. Ist in einer Meldung auch das beitragspflichtige Arbeitsentgelt anzugeben (z. B. Jahresmeldung, Abmeldung, Unterbrechungsmeldung), muss der Arbeitgeber die Meldung allerdings mit dem besonderen Merkmal „Gleitzone" versehen. Das Kennzeichen soll künftig in drei Ausprägungen bestehen:

- 0 = keine Gleitzone.
- 1 = Gleitzone; die Arbeitsentgelte in allen Entgeltabrechnungszeiträumen betragen zwischen 400,01 € und 800,00 €.
- 2 = Gleitzone; die Meldung umfasst sowohl Entgeltabrechnungszeiträume mit Arbeitsentgelten zwischen 400,01 € und 800,00 € als auch solche mit Arbeitsentgelten unter 400,01 € und über 800,00 €.

Der Meldevordruck wird künftig ein entsprechendes Feld für diese Angaben vorsehen.

Grundsätzlich muss der Arbeitgeber in den Meldungen zur Sozialversicherung das beitragspflichtige Arbeitsentgelt zur Rentenversicherung eintragen. Finden die Regelungen der Gleitzone für Arbeitnehmer Anwendung, muss er in den Meldungen also das fiktive Arbeitsentgelt berücksichtigen.

■ *Verzichtet der Arbeitnehmer auf die Reduzierung des Arbeitnehmer-Beitragsanteils, ist in den Meldungen das tatsächlich erzielte Arbeitsentgelt einzutragen.* ■

Umlagen nach dem Lohnfortzahlungsgesetz

Die Umlagen zur Lohnfortzahlungsversicherung sind nach dem Lohnfortzahlungsgesetz in Vomhundertsätzen desjenigen Arbeitsentgelts festzusetzen, nach dem auch die Beiträge zur gesetzlichen Rentenversicherung bemessen werden oder bei Versicherungspflicht zu bemessen wären (Beitragsbemessungsgrundlage). Da in den Gleitzonenfällen die reduzierten Arbeitsentgelte (beitragspflichtige Einnahmen) als Beitragsbemessungsgrundlage gelten, wird die Umlage ebenfalls von der reduzierten Beitragsbemessungsgrundlage berechnet. Hat ein Arbeitnehmer auf die Reduzierung des beitragspflichtigen Arbeitsentgelts in der Rentenversicherung verzichtet, sind insoweit auch die Umlagen nach dem tatsächlich erzielten Arbeitsentgelt zu berechnen.

Welche leistungsrechtlichen Auswirkungen gibt es?

Krankenversicherung: keine Auswirkungen

Das reduzierte (fiktive) Arbeitsentgelt bzw. der reduzierte Arbeitnehmerbeitrag zur Krankenversicherung aufgrund einer Beschäftigung in der Gleitzone hat auf die Höhe des Krankengeldanspruchs keinen Einfluss. Bei der Berechnung des Regelentgelts und des Nettoarbeitsentgelts für die Ermittlung der Höhe des Krankengeldes sind die für die Beitragsbemessung und Beitragstragung in der Gleitzone geltenden besonderen Regelungen nicht zu berücksichtigen. In der Konsequenz wird der Berechnung dieser Entgeltersatzleistung nach wie vor das tatsächlich erzielte Arbeitsentgelt zugrunde gelegt.

Rentenversicherung: reduzierte Anwartschaften

In der Rentenversicherung richtet sich die Höhe der Rentenansprüche nach dem beitragspflichtigen Arbeitsentgelt. Aufgrund der Reduzierung des beitragspflichtigen Arbeitsentgelts und daraus folgend des Arbeitnehmer-Beitragsanteils bei Beschäftigungen in der Gleitzone werden der späteren Rentenberechnung für diese Zeit auch nur die reduzierten Arbeitsentgelte zugrunde gelegt. Das heißt, aufgrund des reduzierten Arbeitnehmerbeitrags erwirbt der Beschäftigte reduzierte Rentenanwartschaften.

Der Arbeitnehmer kann die rentenmindernden Auswirkungen allerdings durch den Verzicht auf die Anwendung der besonderen Regelungen zur Gleitzone vermeiden.
Im Rahmen der Einkommensanrechnung bei Rentenbeziehern sind hingegen immer die tatsächlichen Arbeitsentgelte zu berücksichtigen. Bei der Durchführung von Beitragserstattungen wird übrigens der vom Arbeitnehmer tatsächlich getragene Beitragsanteil erstattet.

Arbeitslosenversicherung: keine Auswirkungen

Auf die Höhe des Arbeitslosengeldes haben das reduzierte (fiktive) Arbeitsentgelt bzw. der reduzierte Arbeitnehmer-Beitrag zur Arbeitslosenversicherung aufgrund einer Beschäftigung in der Gleitzone ebenfalls keinen Einfluss. Bei der Berechnung des der Ermittlung des Arbeitslosengeldes zugrunde zu legenden Leistungsentgelts werden die besonderen Regelungen zu den verminderten Entgeltabzügen in der Gleitzone nicht berücksichtigt.

Was Arbeitnehmer sonst noch interessiert

Ab 1.4. 2003 besteht ja die Möglichkeit, neben einer Hauptbeschäftigung noch eine geringfügige Beschäftigung auszuüben. Kann ich dies auch beim Arbeitgeber meiner Hauptbeschäftigung tun?

Nein, denn auch bei unterschiedlichen Beschäftigungen beim selben Arbeitgeber wird von einem einheitlichen Arbeitsverhältnis ausgegangen. Dies gilt sowohl steuer-, arbeits- als auch sozialversicherungsrechtlich.

Ich (61 Jahre) bin zum 31.12.2002 aus meinem Beruf ausgeschieden und beziehe nun Rente wegen Schwerbehinderung. In welchem Rahmen besteht für mich die Möglichkeit eines Hinzuverdienstes? Gibt es hier einen maximal zulässigen Stundenlohn? Und darf ich mehr als 15 Stunden pro Woche arbeiten?

Der Hinzuverdienst war bisher immer mit der Geringfügigkeitsgrenze identisch. Dies ist ab dem 1.4.2003 nicht mehr der Fall. Die Hinzuverdienstgrenze beträgt 1/7 der Bezugsgröße, also in 2003 340,00 €. Auf die Stundenzahl kommt es nicht an.

Ich habe eine selbstständige Tätigkeit als Existenzgründer aufgenommen. Wie verhält es sich, wenn ich daneben noch eine geringfügige Beschäftigung ausübe?

Sie können neben einer selbstständigen Tätigkeit als Existenzgründer selbstverständlich auch noch eine oder mehrere geringfügige Beschäftigungen ausüben. In diesem Fall findet keine Zusammenrechnung der geringfügigen Beschäftigungen mit der selbstständigen Tätigkeit statt.

Sind die Mini-Jobs zwischen 400,00 € und 800,00 € grundsätzlich nur auf Lohnsteuerkarte möglich oder gibt es hier auch Befreiungsmöglichkeiten?

In Bezug auf Mini-Jobs mit einem Arbeitsentgelt zwischen 400,00 € und 800,00 € gibt es keine Steuerbefreiungen. Vielmehr muss Ihr Arbeitgeber bei einem einzelnen Beschäftigungsverhältnis innerhalb dieser Gleitzone Ihren Arbeitslohn zwingend nach einer vorgelegten Lohnsteuerkarte, hilfsweise nach Steuerklasse VI einbehalten und an das Finanzamt abführen.
In den Fällen, in denen es zur Anwendung der Gleitzone bei geringfügig entlohnten Beschäftigten durch Zusammenrechnung dieser geringfügig entlohnten Tätigkeiten kommt, hat Ihr Arbeitgeber jedoch im einzelnen Beschäftigungsverhältnis, innerhalb dessen ja ein Arbeitslohn von maximal 400,00 € gezahlt wird, die Möglichkeit, diesen Arbeitslohn nach § 40a Abs. 2a EStG (ab 1.4.2003) mit 20 Prozent Lohnsteuer + Solidaritätszuschlag + ggf. Kirchensteuer zu besteuern.

Was Arbeitgeber sonst noch interessiert

Eine bislang versicherungspflichtige Mitarbeiterin erhält ein Arbeitsentgelt von monatlich 360,00 €. Gemeinsam mit ihrem Ehemann hat sie eine vermietete Eigentumswohnung und erzielt hieraus Einkünfte von jährlich 7.000,00 €. Wird die Mitarbeiterin durch die Anhebung der Geringfügigkeitsgrenze auf 400,00 € versicherungsfrei? Besteht für sie Möglichkeit einer beitragsfreien Familienversicherung über ihren Ehemann?

Hier gilt die Übergangsregelung. Die Mitarbeiterin bleibt danach auch ab 1.4.2003 zunächst versicherungspflichtig, weil ein Anspruch auf eine Familienversicherung wegen zu hohen Einkommens nicht gegeben ist. Sie hat aber die Möglichkeit, sich von der Versicherungspflicht befreien zu lassen.

Ein privat Krankenversicherter übt einen Mini-Job als Nebenbeschäftigung aus. Müssen auch für ihn Pauschalbeiträge zur Krankenversicherung gezahlt werden?

Nein. Pauschalbeiträge zur Krankenversicherung müssen nur dann gezahlt werden, wenn es sich um eine Versicherung in einer gesetzlichen Krankenkasse handelt. Die Art der Versicherung (z. B. Familien- oder freiwillige Versicherung) spielt keine Rolle. Die Frage, ob die Nebenbeschäftigung neben einer Beamten- oder einer sonstigen Beschäftigung, für die eine private Krankenversicherung besteht, aufgenommen wird, ist ebenfalls unerheblich.

Kann das regelmäßig gezahlte monatliche Entgelt von 400,00 € unterschritten werden, um noch Raum für tarifliche Sonderzahlungen zu haben?

Es kommt allein darauf an, was Sie mit dem Arbeitnehmer vereinbart haben; es gibt keine gesetzliche Pflicht, die 400 €-Grenze voll auszuschöpfen; daher ist der Spielraum für tarifliche Sonderzahlungen grundsätzlich möglich und auch zu empfehlen.

An welche Krankenkasse muss man bei Verzicht auf die Versicherungsfreiheit den Aufstockungsbetrag von 7,5 Prozent entrichten und wie sieht die Meldung bzw. Abführung dieses Beitrags aus?

Gesetzlich geregelt ist, dass das gesamte Melde- und Beitragsverfahren für geringfügig Beschäftigte von der Bundesknappschaft durchgeführt wird. Auch die Aufstockungsbeiträge sind deshalb an sie zu entrichten. Für die zu zahlenden Pauschal- und ggf. Aufstockungsbeiträge für geringfügig Beschäftigte müssen Sie einen gesonderten Beitragsnachweis erstellen, den die Bundesknappschaft auch zur Verfügung stellt. Ein besonderes Meldeverfahren zur Bundesknappschaft besteht allerdings nicht. Hier können Sie das sonst übliche Meldeverfahren nutzen. Wichtig ist nur, dass alle Meldungen für die geringfügig Beschäftigten zentral an die Bundesknappschaft gehen.

Stichwortverzeichnis